別冊淡海文庫16

信楽汽車土瓶

しがらききしゃどびん

畑中英二 編

はじめに

明治五年に新橋・横浜間に鉄道が通じ、明治一〇年には神戸駅で駅弁の販売が開始されました。弁当といえばお茶。現状では、駅弁販売から下ること一〇年以上たった、明治二二年の静岡駅で二銭五厘でお茶が販売されていたことをしめす資料が、残されています。

明治二二年といえば、新橋—神戸間を二〇時間一一分をかけて汽車が走り抜けるようになった年であります。こまぎれになっていた路線がようやくつながり、本格的な「汽車の旅」がはじまったのです。それとともに弁当の販売、それにともなってお茶の販売も活性化されたことは想像に難くありません。

実はそのころ、信楽では多くの窯場に先駆けて駅でお茶を販売するための汽車土瓶をつくりはじめていたことが知られています。また、昭和三〇年代にポリエチレン製の容器が出現するまで「土瓶」の形をつくりつづけた数少ない窯場でもあったのです。また、信楽の汽車土瓶を調べていくうちに、窯業試験場において満州鉄道の汽車茶瓶を試作していたことや、信楽学園でつくりだされた汽車茶瓶が遠くシアトルへと出荷されていたことなどがわかってきました。

本書では、信楽でつくられた汽車土瓶・茶瓶をみることにより当時の旅に思いを馳せていただくとともに、どのような思いでつくりだされていったかについても目を向けていただければ幸いです。

1. 「…構内ビュッフェ…ビール、お茶など…」

目次

はじめに

写真でみる汽車土瓶の変遷

信楽汽車土瓶の時代

コラム

凡例

①生産年代
②記載内容（駅名土瓶の場合は駅名と路線名）
③販売店名
④成型方法および器表面の描書方法と土瓶・茶瓶については器高
⑤産地（窯跡名）

写真の大半は白井弘幸さんに、カバーのデザインは林野修さんにお願いしました。カバーは「鉄道の旅と弁当・お茶」のイメージを表現したものです。

写真でみる汽車土瓶の変遷

初期の汽車土瓶
［明治二〇～三〇年頃］

信楽では、馬場《ばば》駅（現在の膳所《ぜぜ》駅）の萩乃家《はぎのや》の主人萩山平兵衛さんの依頼によって、神山《こうやま》の村瀬音次郎さんが汽車土瓶をつくったのがはじまりとされています。このときにつくられていた汽車土瓶は、当時流行していた山水土瓶を一回り小さくした二合くらいの大きさものだったようです。

このことから、明治二〇年代前半までには「汽車土瓶」と呼びうるものはあったけれども、それらは本格的に「汽車土瓶」としてつくられたものではなかったことがわかります。

この頃に汽車土瓶をつくっていた窯場は、東から益子《ましこ》、信楽、白石をあげることができます。ただし、常滑《とこなめ》の土瓶がもちいられていたのは確実ですし、瀬戸のものと思われる土瓶が旧新橋駅から出土していることから、規模の大きな窯場は汽車土瓶をつくっていたとみられます。

初期の汽車土瓶

2．小型山水土瓶

①明治 20 ～ 30 年頃
④手回しロクロ／鉄描緑彩
／h = 8.7㎝
⑤信楽産（神山8号窯）

3．小型山水土瓶

①明治 20 ～ 30 年頃
④手回しロクロ／鉄描緑彩
／h = 9.2㎝
⑤信楽産（神山9号窯）

4．小型山水土瓶

①明治 20 ～ 30 年頃
④手回しロクロ／鉄描緑彩
／h = 8.6cm
⑤信楽産（小川5号窯）

5．小型若竹土瓶

①明治 20 ～ 30 年頃
④手回しロクロ／イッチン
／h = 10.3cm
⑤信楽産（神山9号窯）

6．小型円文土瓶

①明治 20 ～ 30 年頃
④手回しロクロ／鉄描緑彩
　／h = 7.6cm
⑤信楽産（村瀬汽車土瓶工場）

7．小型鮫肌《さめはだ》急須

①明治 20 ～ 30 年頃
④手回しロクロ／イッチン
　／h = 8.8cm
⑤信楽産

コラム 1

新橋駅の発掘

旧新橋駅は、明治五年に新橋―横浜間を走った日本初の鉄道駅の一つです。大正三年に東京駅が開業したので、貨車輸送のみをとりあつかう汐留《しおどめ》貨物駅となりました。

発掘調査によって、益子の梅絵・窓絵山水土瓶、信楽の山水土瓶・白掛け呉須《ごす》絵土瓶、常滑の朱泥土瓶などの陶器製三合土瓶が出土しています。これらの資料から、初期の汽車土瓶は、専用につくられたものではなく、従来から規模の大きな窯場でつくられていた小型の土瓶をもちいていたことがわかります。

土瓶とセットとなる湯呑み茶碗は、この段階ではかならずしもセットとして販売されていたのではなく、瀬戸・美濃の磁器製のものがもちいられることもあったことがわかっています。

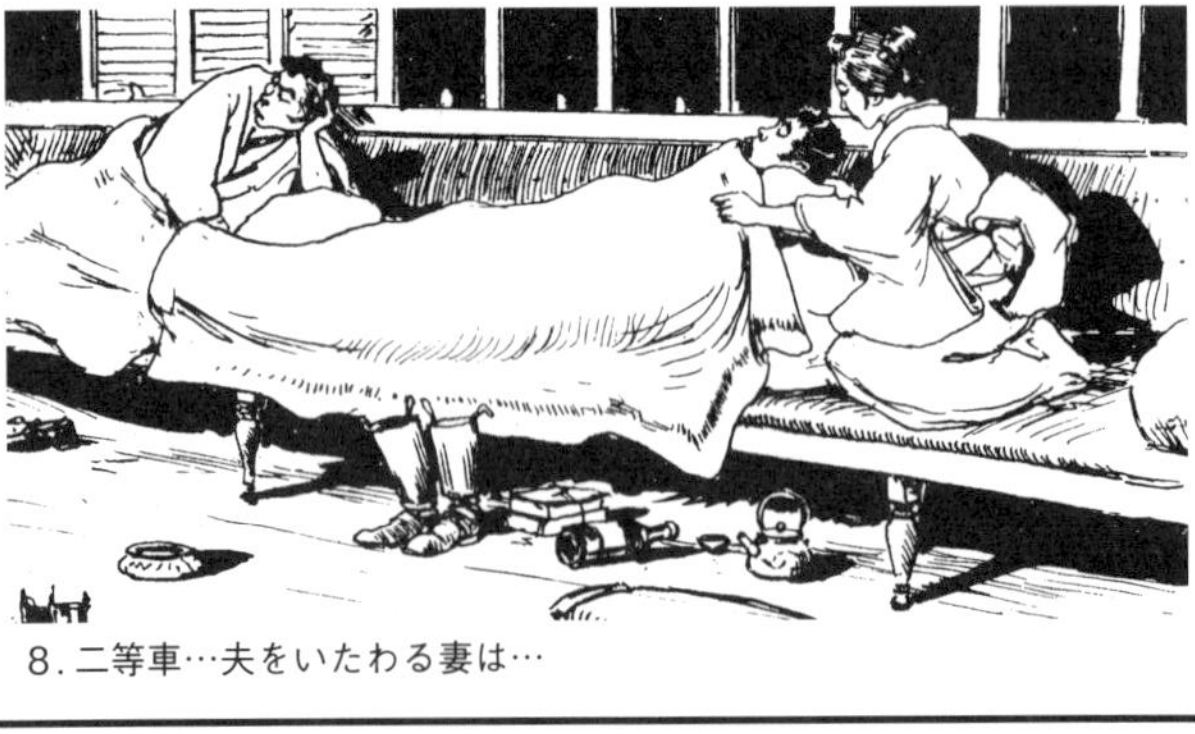

8. 二等車…夫をいたわる妻は…

初期の駅名入り汽車土瓶

［明治三〇～大正一〇年頃］

明治二六、二七年に信楽神山の村瀬音次郎さんが各駅名もしくは弁当屋さんの名前を記した「汽車土瓶」をつくりはじめ、最初は草津線で採用されたといいます。ほかの窯場および駅での動向については明らかではない部分もあるものの、おおむね明治三〇年代以降には駅名の記された「汽車土瓶」が登場したとみてよいでしょう。

ここで登場した駅名入りの汽車土瓶は、梅絵や山水の描かれた初期のものと比較すると、一回り小さくなり、文様ではなく駅名もしくは弁当屋さんの名前を書くだけになってしまっています。さらに茶こしの部分にあたる「ス」についても、初期のものは二、三つの穴があけられていたのに対して、大半は一つになってしまうのです。

ロクロでつくるという点は共通しているものの、見た目や細かいところはかなりシンプルなものへと変化しているのです。この変化から、省力化＝大量生産への方向性がうかがわれます。いいかえると、それだけ需要がのびてきたということをしめしているのです。

コラム2

汽車弁当販売駅

鉄道の長距離化に伴って乗車中に飲食する機会が多くなりました。食堂車や車内販売による飲食は、利用料金の高い特別急行などの優等車両に限られており、一般乗客は駅売りの汽車弁当やお茶といった飲食物を買うことが多かったようです。

長距離旅行者の需要を見込んで汽車弁当販売を開始した仕出屋などが存在した一方で、横浜駅や岡山駅のように鉄道側からの要請を受けて汽車弁当製造を開始した事例も存在します。

現在と比べて駅の停車時間が比較的長かったとはいえ、汽車弁当やお茶を販売する駅は限られていました。大正時代から昭和前期に発行された時刻表に記載された汽車弁当販売駅を分類すると、興味深いことがわかります。当然のことながら(1)乗降客の多い駅（汽車土瓶紹介例：名古屋・神戸）や(2)観光地（例：生瀬・宮島）がありますが、(3)始発駅および終着駅（例：上野・下関）、(4)乗換駅（例：小牛田・米原）、(5)汽車付替駅（例：国府津・沼津・三石）、などが販売指定駅でした。少なくとも、購入に便利な始発駅や乗換駅、そして停車時間が長い駅で汽車弁当が販売されていたことがわかります。

初期の駅名入り汽車土瓶

明治 30 ～大正 10 年頃

9. 記名土瓶

①明治 30 ～大正 10 年頃
②小牛田駅（明治６年～）
／東北本線（陸羽東線・大正２～、石巻線・大正元年～）
③小牛田ホテル
④手回しロクロ／手描き
／h = 7.3㎝
⑤信楽産（神山９号窯）

10. 記名土瓶

①明治 30 ～大正 10 年頃
②上野駅（明治 16 年～）
／東北本線
③－
④手回しロクロ／手描き
／h = 7.5㎝
⑤信楽産（小川４号窯）

11. 記名土瓶

①明治 30 ～大正 10 年頃
②横浜駅（明治５年～）
／東海道本線
③崎陽軒？（明治 40 年～）
④手回しロクロ／手描き
／h = 6.8㎝
⑤信楽産（小川５号窯）

12. 記名土瓶

①明治 30 ～大正 10 年頃
②国府津駅（明治 20 年～）
／東海道本線（熱海線・大正９年～）
③東華軒？（明治 21 年～）
④手回しロクロ／手描き／h = 7.0㎝
⑤信楽産（小川５号窯）

13. 記名土瓶

①明治 30 ～大正 10 年頃
②山北駅（明治 22 年）
／東海道本線（下り線は
補機の連結駅）
③中川商店？（創業年不詳）
④手回しロクロ／手描き
／h = 7.1㎝
⑤信楽産（神山９号窯）

14.　記名土瓶

①明治 30 ～大正 10 年頃
②御殿場駅（明治 22 年～）
　／東海道本線
③桃中軒？（明治 24 年～）
④手回しロクロ／手描き
　／h = 6.9㎝
⑤信楽産（小川５号窯）

15.　記名土瓶

①明治 30 ～大正 10 年頃
②沼津駅（明治 22 年～）
　／東海道本線
③桃中軒？（明治 24 年～）
④手回しロクロ／手描き
　／h = 6.9㎝
⑤信楽産（小川５号窯）

16. 記名土瓶

①明治 30 ～大正 10 年頃
②静岡駅（明治 22 年～）
／東海道本線
③東海軒？（明治 22 年～）
④手回しロクロ／手描き
h = 7.2㎝
⑤信楽産

17. 記名土瓶

①明治 30 ～大正 10 年頃
②静岡駅（明治 22 年～）
／東海道本線
③東海軒？（明治 22 年～）
④手回しロクロ／手描き
／h = 7.7㎝
⑤信楽産（小川５号窯）

18.　記名土瓶

①明治 30 ～大正 10 年頃
②浜松駅（明治 21 年～）
／東海道本線
③自笑亭？（明治 21 年～）
④手回しロクロ／手描き
／h = 6.9cm
⑤信楽産（小川５号窯）

19.　記名土瓶

①明治 30 ～大正 10 年頃
②浜松駅（明治 21 年～）
／東海道本線
③自笑亭（明治 21 年～）
④手回しロクロ／手描き
／h = 7.2cm
⑤信楽産（小川５号窯）

20.　記名土瓶

①明治 30 ～大正 10 年頃
②豊橋駅（明治 21 年～）
　／東海道本線（飯田線・
　明治 30 年～）
③壺屋（明治中期？～）
④手回しロクロ／手描き
　／h = 7.0㎝
⑤信楽産（小川5号窯）

コラム 3

お茶の値段

大船駅の明治三一年の記録によると、「茶三銭　但シ土瓶茶椀付其入替ハ壱銭」とあり、お茶だけの販売もあったようです。

大正九年の規定では、「茶　容器並茶椀一箇共、八銭、湯の差換一銭、湯茶の差換二銭」とあり、出がらしでもよければ一銭、お茶を入れ替えて二銭でした。

さらに、大正三年頃には茶椀の追加は一個だけなら無料でしたが、大正九年には一個一銭となりました。

21. 記名土瓶

①明治 30 ～大正 10 年頃
②岡崎駅（明治 21 年～）
　／東海道本線
③鍵屋（明治中期？～）
④手回しロクロ／手描き
　／h = 6.9cm
⑤信楽産（神山９号窯）

22. 記名土瓶

①明治 30 ～大正 10 年頃
②岡崎駅（明治 21 年～）
　／東海道本線
③鍵屋？（明治中期？～）
④手回しロクロ／手描き
　／h = 6.7cm
⑤信楽産（神山９号窯）

23. 記名土瓶

①明治 30 ～大正 10 年頃
②大府駅（明治 21 年～）
　／東海道本線（武豊線・
　明治 19 年～）
③弥生亭？（明治 34 年～）
④手回しロクロ／手描き
　／h = 7.1㎝
⑤信楽産（神山 9 号窯）

24. 記名土瓶

①明治 30 ～大正 10 年頃
②名古屋駅（明治 20 年～）
　／東海道本線（関西本線・
　明治 29 年～）
③服部商店（明治 19 年～）
　松浦商店（大正 10 年～）
④手回しロクロ／手描き
　／h = 8.0㎝
⑤信楽産（神山 8 号窯）

25. 記名土瓶

①明治 30 ～大正 10 年頃
②四日市駅（明治 23 年～）
　／関西本線
③－
④手回しロクロ／手描き
　／h = 7.2㎝
⑤信楽産（神山９号窯）

26. 記名土瓶

①明治 30 ～大正 10 年頃
②津駅（明治 24 年～）
　／関西本線（参宮線・
　　明治 26 年～）
③湊寿司？（明治中期？～）
④手回しロクロ／手描き
　／h = 7.0㎝
⑤信楽産（小川５号窯）

27. 記名土瓶

①明治 30 ～大正 10 年頃
②山田駅（明治 30 年～・現伊勢市駅）／参宮線
③小川（明治中期？～）
④手回しロクロ／手描き／h = 7.2㎝
⑤信楽産（小川5号窯）

コラム4

土瓶の再利用

使用済みの汽車土瓶は、回収され、洗浄ののち再利用されていました。

しかし、大正年間に入ると、一旦販売した牛乳、茶の空瓶の返却をもとめることを禁止した規定がみられようになります。つまり、容器込みの値段で販売しておきながら容器の返却をもとめる、という理不尽な商売に対する禁止であったのです。

とはいえ、土瓶の外部に駅名や弁当屋さんの屋号などを標記することが規定されていたので、土瓶の再利用にあたっては、選別が面倒で不都合なものとなっていたのでした。

28. 記名土瓶

①明治 30 ～大正 10 年頃
②米原駅（明治 22 年～）
　／東海道本線（北陸本線・
　明治 22 年～）
③井筒屋（明治 22 年～）
④手回しロクロ／手描き
　／h = 8.0㎝
⑤信楽産（小川5号窯）

29. 記名土瓶

①明治 30 ～大正 10 年頃
②米原駅（明治 22 年～）
　／東海道本線（北陸本線・
　明治 22 年～）
③井筒屋？（明治 22 年～）
④手回しロクロ／手描き
　／h = 7.8㎝
⑤信楽産（神山9号窯）

コラム 5

駅名入り汽車土瓶をつくった窯場

この時期には、初期の段階から生産をおこなっていた益子、常滑、信楽、白石といった窯場のほかに、瀬戸と美濃も生産をはじめます。

益子は東海道線静岡以東、上信越、関東、東北、北海道の広範囲に供給していたとみられます。一方、信楽は山陰、山陽、関西、東海、中部、東北の広範囲に供給していたとみられます。

つまり、本州の静岡以東の東海、中部、東北などでは益子と信楽は競合していたことになるのです。

30.　記名土瓶

①明治 30 ～大正 10 年頃
②敦賀駅（明治 15 年～）／北陸本線
③塩荘（明治 36 年～）
④手回しロクロ／手描き／h = 7.1㎝
⑤信楽産（神山９号窯）

31. 記名土瓶

①明治 30 ～大正 10 年頃
②草津駅（明治 22 年～）
　／東海道本線（関西本線・
　明治 22 年～）
③南洋軒？（明治 22 年～）
④手回しロクロ／手描き
　／ h = 7.2cm
⑤信楽産

32. 記名土瓶

①明治 30 ～大正２年頃
②馬場駅（明治 13 年～・
　現膳所駅）／東海道本線
　（大正２年から貨物駅）
③萩乃家？（明治 24 年～）
④手回しロクロ／手描き
　／ h = 7.0cm
⑤信楽産（小川５号窯）

33. 記名土瓶

①大正２～大正 10 年頃
②大津駅（大正２年～現膳所駅）
／東海道本線
③萩乃家？（明治 24 年～）
④手回しロクロ／手描き
／h = 7.0㎝
⑤信楽産（小川５号窯）

コラム 6

駅名入り汽車土瓶の形

明治三〇年から大正一〇年頃にみられた駅名入り汽車土瓶は、まさに土瓶の形をしています。

これは、通常もちいる土瓶を小型化したもので、蓋《ふた》と湯呑みがともないます。また、つくりかたについては、従来の手回しロクロをもちいてのものでした。つまり、従来の喫茶の伝統と技術の延長線上で汽車土瓶がつくられたといえるでしょう。

とはいえ、普通の土瓶とくらべると少しずんぐりとした形をしています。車窓においても落ちないようにとの心配りであったのでしょう。

34. 記名土瓶

①明治 30 ～大正 10 年頃
②京都駅（明治 10 年～）
　／東海道本線（奈良線、
　山陰本線・明治 30 年～）
③萩乃家？（明治 24 年～）
④手回しロクロ／手描き
　／h＝8.0cm
⑤信楽産（小川５号窯）

35. 記名土瓶

①明治 30 ～大正 10 年頃
②京都駅（明治 10 年～）
　／東海道本線（奈良線、
　山陰本線・明治 30 年～）
③萩乃家？（明治 24 年～）
④手回しロクロ／手描き
　／h＝6.9cm
⑤信楽産（小川５号窯）

36. 記名土瓶

①明治 37 ～大正 10 年頃
②綾部駅（明治 37 年～）
／山陰本線
③鶴寿軒？（明治 37 年～）
④手回しロクロ／手描き
／h = 7.4cm
⑤信楽産（神山９号窯）

37. 記名土瓶

①明治 45 ～大正 10 年頃
②上井駅（明治 45 年～・
現倉吉駅）／山陰本線
（倉吉線・明治 45 年～）
③－
④手回しロクロ／手描き
／h = 7.4cm
⑤信楽産（小川５号窯）

コラム 7

文章に見られる戦前・戦後の鉄道車内の飲食

明治中期の主要鉄道路線開通以降、文学作品や紀行文などに車内での飲食の様子が見られるようになります。

文豪夏目漱石の『三四郎』（明治四一年）に汽車内の情景を扱った場面があります。主人公は車内で食べ終えた汽車弁当を窓から放り投げて、後席の乗客に迷惑をかけるのです。そのほかにも駅に停車するたびに購入する場面が記されています。

漱石門下であり、鉄道に関する文章を数多く世に送った内田百閒《ひゃっけん》は、『阿房列車』『列車食堂』『車中の稲光』のように、全盛期の食堂車の様子がわかる文章を残しています。『区間阿房列車』（昭和二六年）では、お供の「ヒマラヤ山系」君が東京駅でお茶を買い、三等客車の窓際に土瓶を並べて置く記述があります。

また、紀行作家である宮脇俊三も、著書の『時刻表昭和史』（扱った時代は昭和八～二〇年）で、少年時代の鉄道旅行は物騒な車内を移動しないように母が弁当を作り、車中ではお茶のみを買ったと記しています。

一般の旅行者にとってはよくある情景だったのでしょう。

38. 記名土瓶

①明治 30 ～大正 10 年頃
②大阪駅（明治7年～）
／東海道本線（城東線・明治 29 年、西成線明治 33 年～）
③水了軒？（明治 23 年～）
④手回しロクロ／手描き
／h = 6.9㎝
⑤信楽産（神山9号窯）

39. 記名土瓶

①明治 30 ～大正 10 年頃
②奈良駅（明治 13 年～）
／関西本線（桜井線・明治 32 年、奈良線・明治 29 年）
③月の家（明治中期？～）
④手回しロクロ／手描き
／h = 7.2㎝
⑤信楽産

40. 記名土瓶

①明治 30 ～大正 10 年頃
②神戸駅（明治 7 年～）
／東海道本線（山陽鉄道・明治 22 年～）
③－
④手回しロクロ／手描き
／h = 7.2㎝
⑤信楽産

41. 記名土瓶

①明治 32 ～大正 10 年頃
②生瀬駅（明治 32 年～）
／宝塚線
③淡路屋（明治 38 年～）
④手回しロクロ／手描き
／h = 6.9㎝
⑤信楽産（小川 5 号窯）

42. 記名土瓶

①明治 30 ～大正 10 年頃
②姫路駅（明治 21 年～）
／山陽本線（播但線・
明治 27 年～）
③まねき商店（明治 22 年～）
④手回しロクロ／手描き
／h = 7.1cm
⑤信楽産（小川5号窯）

43. 記名土瓶

①明治 30 ～大正 10 年頃
②三石駅（明治 24 年～）
／山陽本線（当時、姫路－
岡山間で唯一の駅弁販売駅）
③ゑのき？（明治中期？～）
④手回しロクロ／手描き
／h = 6.9cm
⑤信楽産（神山9号窯）

44. 記名土瓶

①明治 30 ～大正 10 年頃
②岡山駅（明治 24 年～）
／山陽本線(津山線・明治 31 年～、吉備線・明治 36 年～、宇野線・明治 43 年～)
③三好野本店（明治 24 年～）
④手回しロクロ／手描き
／h = 7.8cm
⑤信楽産（村瀬汽車土瓶工場）

45. 記名土瓶

①明治 30 ～大正 10 年頃
②糸崎駅（明治 27 年～）
／山陽本線
③濱吉？（明治 23 年～）
④手回しロクロ／手描き
／h = 7.6cm
⑤信楽産（小川５号窯）

46. 記名土瓶

①明治 30 ～大正 10 年頃
②宮島駅(明治 30 年～・現宮島口駅)
／山陽本線（宮島連絡船・明治
35 年～）
③上野？（明治 30 年～）
④手回しロクロ／手描き
／h = 7.7㎝
⑤信楽産（小川５号窯）

47. 記名土瓶

①明治 31 ～大正 10 年頃
②三田尻駅（明治 31 年～・
現防府駅）／山陽本線
（防石鉄道・大正８年～）
③木村別荘？（明治 31 年～）
④手回しロクロ／手描き
／h = 7.6㎝
⑤信楽産（小川５号窯）

48. 記名土瓶

①明治 35 ～大正 10 年頃
②下関駅（明治 35 年～）／山陽本線（関門連絡線・明治 34 年～、関釜連絡線・明治 38 年）
③濱吉 or たかやら
④手回しロクロ／手描き／h = 7.3cm
⑤信楽産（小川5号窯）

コラム 8

京都駅の発掘

京都駅の発掘調査では、石炭ガラにまじって邪魔もの同様に汽車土瓶が捨てられていました。再利用がかなわなくなった土瓶たちは、このようにして捨てられたのでしょう。

現代風にいうと「産業廃棄物」である再利用のかなわなくなった土瓶・茶瓶の処理には、鉄道関係者一同頭を悩ませたにちがいありません。

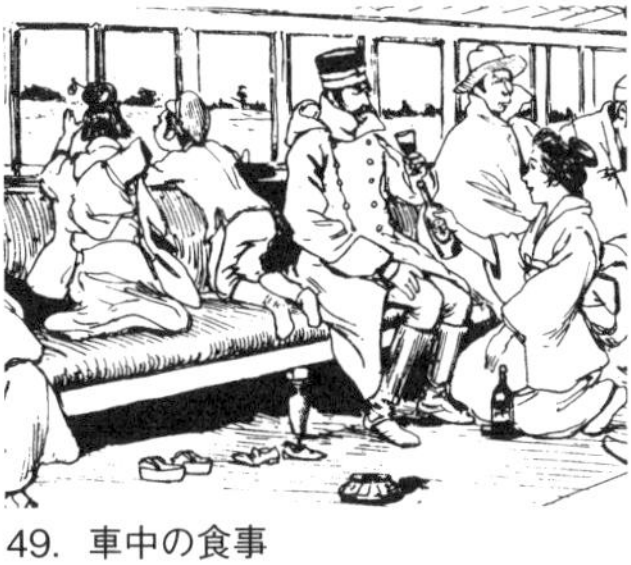

49. 車中の食事

投げ捨てられた汽車土瓶

50. 無記名土瓶

①明治 30 ～大正 10 年頃

③東海道本線

④手回しロクロ／h = 7.5㎝

⑤信楽産（高木遺跡）

51. 記名土瓶

①昭和 20 ～ 30 年頃

②お茶／容器を車窓外に捨てることは危険です

③東海道本線

④泥漿鋳込／型抜き／h = 6.2 ㎝

⑤美濃産（唐橋遺跡）

コラム 9

投げ捨てられた汽車土瓶

汽車土瓶・茶瓶（ガラス茶瓶も）は車窓から投げ捨てられることが多かったことが知られています。実際に、鉄道に面した遺跡を調査すると、駅や人家が近くにあるわけでもないのに汽車土瓶・茶瓶が出土することがあるのです。

東海道本線に面した滋賀県近江八幡市高木遺跡から明治三〇年から大正一〇年頃の信楽産、同県大津市唐橋遺跡から昭和二〇～三〇年頃の美濃産の汽車土瓶が出土しています。

今も昔も、ポイ捨て禁止ですね。

ガラス茶瓶の登場と汽車土瓶
［大正一〇年〜昭和二〇年頃］

大正一〇年頃、陶製土瓶は不衛生であること、内容物がみえないことなどがあげられ使用が禁止されてしまいました。汽車土瓶を大量生産していた窯場は大きな打撃を受けることになったのです。

そこでガラス茶瓶が期間を定められて一斉に登場したのですが、産地としては大阪の吹田《すいた》、神奈川の保土ケ谷《ほどがや》のビール会社の製瓶工場や東京の本所《ほんじょ》地域、名古屋、会津本郷などの「大日本麦酒《ビール》株式会社」、「株式会社　名古屋硝子《がらす》製造所」がありました。

しかし、尿瓶《しびん》のようであることからお茶を飲む気分になれないとか、車窓から捨てて割れたガラスで沿線の農民や線路工夫の人たちがけがをするなどの理由から評判はかんばしくありませんでした。

そうしたことから昭和にはいると陶製土瓶・茶瓶が徐々に復活していったのです。信楽では伝統的な手回しロクロに加えて石膏《せっこう》型機械ロクロが導入されましたが、その他の窯場では泥漿《でいしょう》鋳込《いこみ》による土瓶型にとらわれない様々な形の土瓶・茶瓶をつくりだしていきました。

52. 土瓶と茶瓶

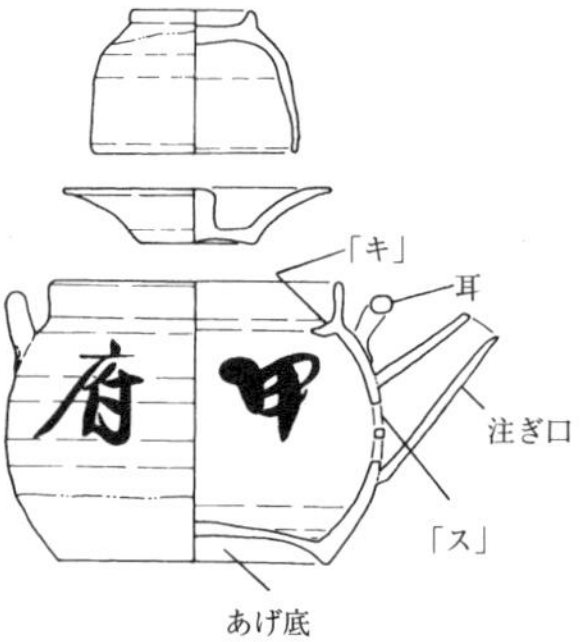

【①内キ土瓶】

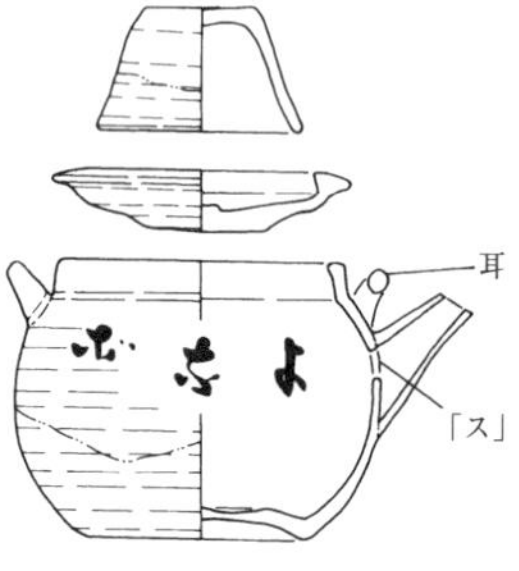

【②キ無土瓶】

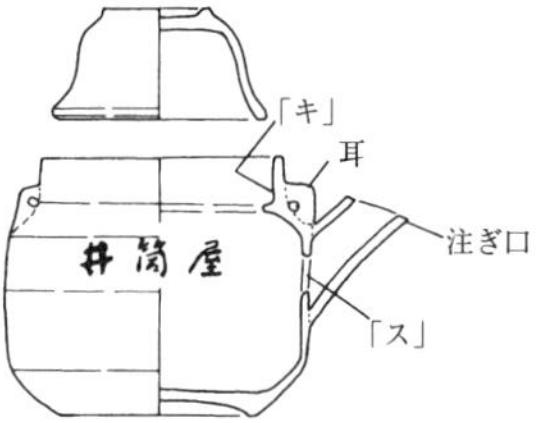

【③内キ蓋兼用土瓶】

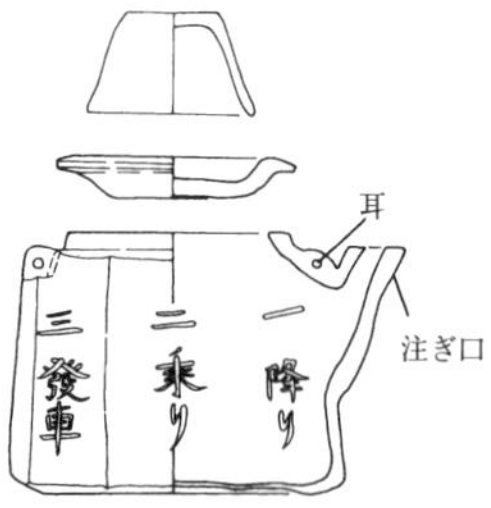

把手 【⑥吊り下げ茶瓶（土瓶折衷形）】

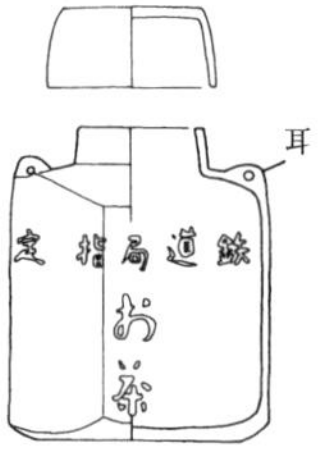

【④吊り下げ茶瓶】

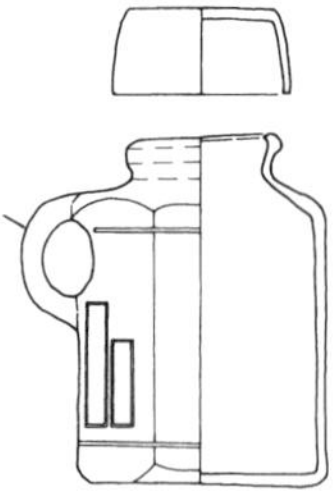

【⑤把手付茶瓶】

形態での分類

①〜③ 土瓶
④、⑤ 茶瓶
⑥ 茶瓶（土瓶折衷形）

製作方法での分類

①、② 手回しロクロ
③ 石膏型機械ロクロ
④〜⑥ 泥漿鋳込

大正３年頃のパンフレットにみる汽車土瓶

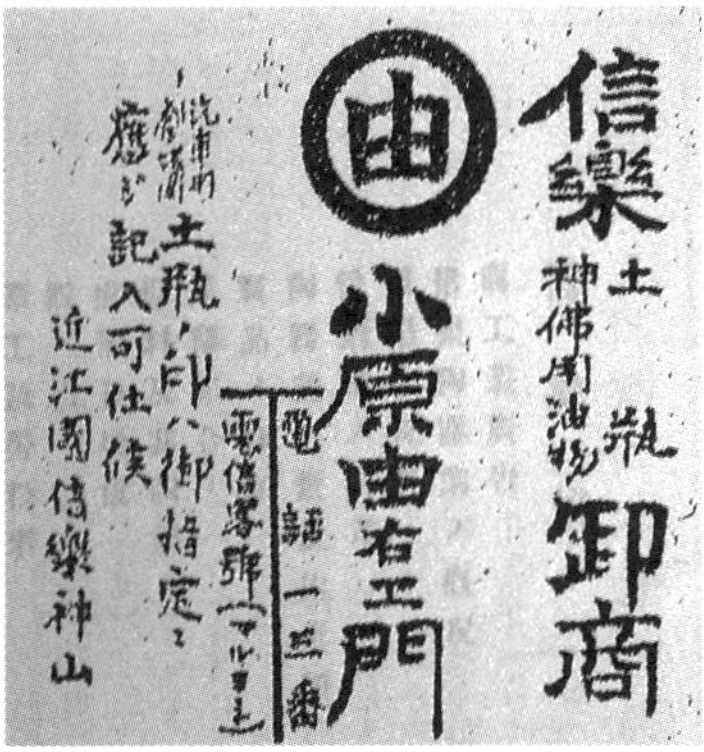

53. マルヨシさんの広告
（小原由右衛門）

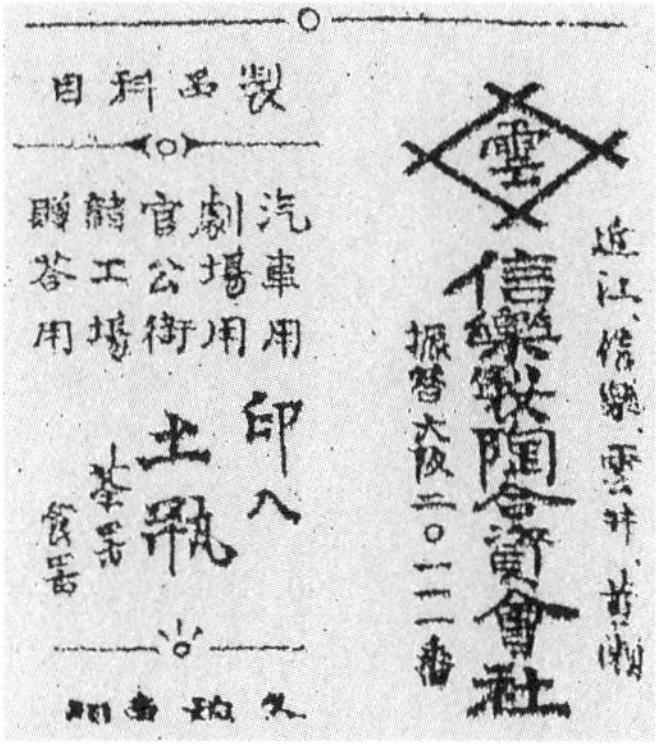

54. 信楽製陶合資会社の広告
（雲林院虎吉）

55. 信楽汽車土瓶復活

信樂の特産
汽車土瓶
窯を前に眞劍な態度
愈よ八月から復活

昭和５年７月22日付
大朝新聞より

コラム10

お茶にかける静岡

静岡でのお茶生産の歴史は古いのですが、現在の「静岡茶」の原風景は明治以降に形づくられたものです。明治に入って侍や大井川の川越人足などが職を失い、牧之原台地の開墾にあたりました。現在のお茶の七〜八割を占める品種「やぶきた」の発見、茶葉の荒揉機の開発などもあり、日本一のお茶の生産地になっていったのです。

実は、汽車土瓶の歴史と静岡は切っても切れない関係にあります。

まず、記録に残っている中では最初に駅でお茶を販売したのが明治二二年の静岡駅でした。

また、ガラス茶瓶によって汽車土瓶が壊滅的な打撃を受けたのち、昭和元年に、いち早く陶磁器製の土瓶・茶瓶を復活させたのも静岡駅でした。

大正一三年に「お茶は静岡・山は富士」という標語を選定し、昭和に入ると汽車土瓶に富士山のイラスト入りの土瓶を注文しています。土瓶・茶瓶の生産コストをできるだけ下げていこうとする中、逆に手の込んだものをつくらせる静岡駅の姿があります。

昭和四四年には、大半がポリエチレン容器になっているにもかかわらず、多少の値上げをしてでも「静岡駅陶製土瓶入茶」を販売していたのです。

静岡駅の、お茶を美味しく楽しく飲んでもらおうという思いをひしひしと感じることができますね。

昭和初年～昭和 20 年頃

56. 記名土瓶

①昭和初年～昭和 20 年頃
②お茶は静岡　山は富士（小）
　／東海道本線
③東海軒？（明治 22 年～）
④手回しロクロ／手描き
　／h = 7.4㎝
⑤信楽産（神山８号窯）

57. 記名土瓶

①昭和初年～昭和 20 年頃
②お茶は静岡　山は富士（大）
　／東海道本線
③東海軒？（明治 22 年～）
④手回しロクロ／手描き
　／h = 9.2㎝
⑤信楽産（神山８号窯）

58. 記名土瓶

①昭和初年～昭和 20 年頃
②浜松駅（明治 21 年～）
／東海道本線
③自笑亭（明治 21 年～）
④手回しロクロ／手描き
／h = 6.9㎝
⑤信楽産（神山8号窯）

59. 記名土瓶

①昭和初年～昭和 20 年頃
②お茶　旅の友／-
④手回しロクロ／手描き
／h = 7.2㎝
⑤信楽産（神山8号窯）

60. 無記名土瓶
①昭和初年～昭和 20 年頃
④手回しロクロ／h＝6.5㎝
⑤信楽産（神山8号窯）

コラム 11

さらば駅名

使用済みになった汽車土瓶・茶瓶が、再利用されていることはさきにのべましたが、昭和初期にはあらたな動きがみえてきます。

再利用にあたっての選別が面倒になることから、泥漿鋳込の茶瓶などには、一部をのぞいて、駅名や駅弁屋さんの標記のはいったものが減少していったのでした。

東京の汐留や兵庫駅構内などには大きな再生工場が設けられていました。土瓶・茶瓶の再生は、第二次世界大戦後もつづけられていました。

61. 米原駅出土汽車土瓶

コラム 12

米原駅から出土した汽車茶瓶

米原駅構内を工事していたところ、車内で放置されたとみられる汽車茶瓶がまとまって出土しました。いずれも、昭和五年頃から二〇年までのものでした。駅名が記されていないものもみられますが、多くは沼津駅（桃中軒）で、わずかに国府津《こうづ》駅（東華軒）がみられます。汽車茶瓶そのものの産地は、瀬戸（古藤製陶所）もしくは美濃で、泥漿鋳込でつくられたもので占められていました。

東海道線の駅で購入されたものが乗換駅である米原駅で処分されるのもよくわかります。ただ、信楽汽車土瓶が見られないのは少し寂しいですね。

戦後の汽車土瓶
［昭和二〇年～三〇年頃］

信楽では手回しロクロによる成形は姿を消し、石膏型機械ロクロ成形による土瓶がつくられました。そのほかの窯場では戦前と同じく泥漿鋳込成形による土瓶・茶瓶がつくられました。

昭和二二年には見た目に大きな変化がおこります。土瓶・茶瓶に記されている横書きの文字が、左から右に変わったのです。また、駅名を入れるものは圧倒的に少なくなりました。

このころには、さらにいくつかの窯場が汽車土瓶・茶瓶の生産を手がけるようになります。昭和初期に生産を終息させた益子が、一時的ではあるものの、泥漿鋳込成形による茶瓶の生産をこころみます。丹波立杭《たちくい》、砥部《とべ》、伊賀丸柱《まるばしら》、出石《いずし》、備前などでも泥漿鋳込成形による汽車茶瓶の生産がおこなわれていました。美濃（高田）での汽車茶瓶生産は、昭和二七～三三年頃に盛期をむかえ、四〇軒ほどの窯元が稼働していたようです。なお、会津本郷での汽車茶瓶生産は、この段階で終わったようです。

昭和 22 ～ 30 年頃

62. 記名土瓶

①昭和 22 ～ 30 年頃
②沼津駅（明治 22 年～）
／東海道本線
③桃中軒（明治 24 年～）
④石膏型機械ロクロ／手描き
／h = 6.6cm
⑤信楽産（神山８号窯）

63. 記名土瓶

①昭和 22 ～ 30 年頃
②浜松駅（明治 21 年～）
／東海道本線
③自笑亭？（明治 21 年～）
④石膏型機械ロクロ／プリント
／h = 6.6cm
⑤信楽産（神山８号窯）

汽車土瓶の蓋と湯呑み

64.　汽車土瓶の蓋と湯呑み

①明治 30 ～昭和 30 年頃
④石膏型機械ロクロ（右３点）／手回しロクロ（左３点）
⑤信楽産（神山８号窯）

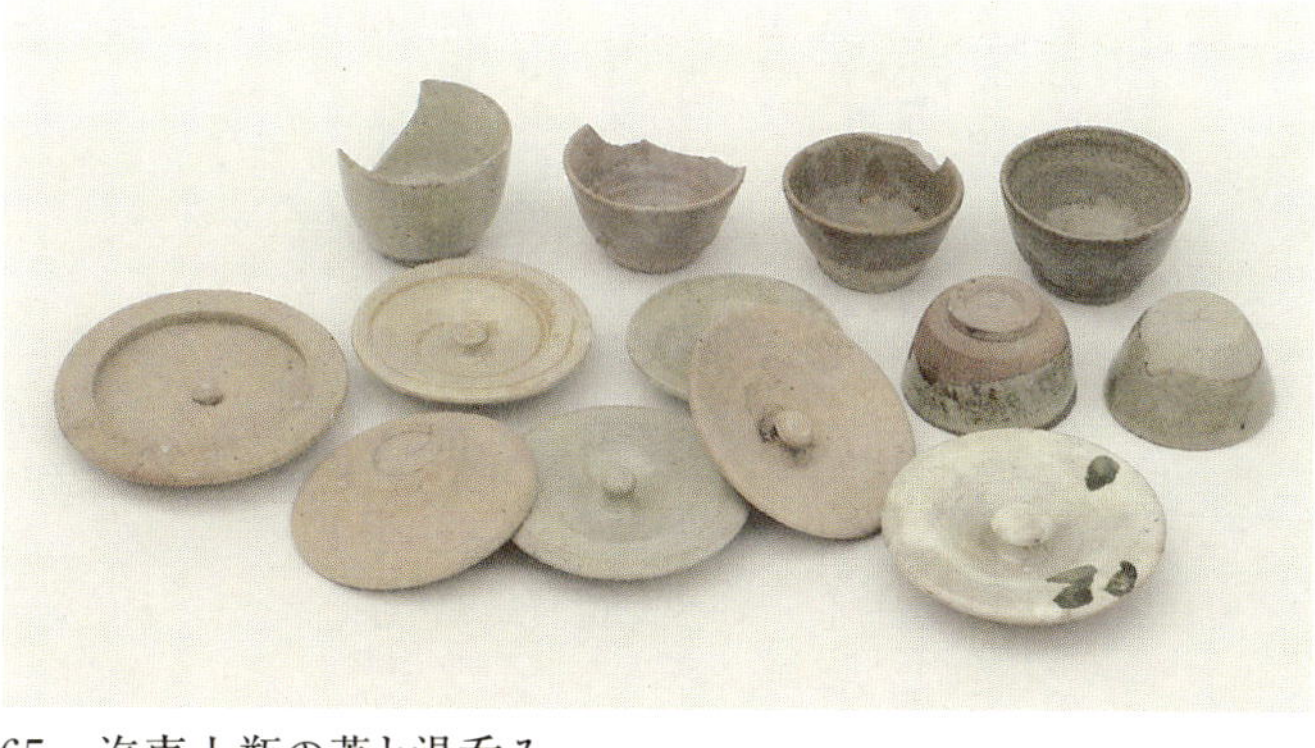

65.　汽車土瓶の蓋と湯呑み

①明治 30 ～昭和 30 年頃
④手回しロクロ
⑤信楽産（小川５号窯）

コラム13

旅の友、汽車土瓶の友、どんぶり

先にも簡単に紹介しましたが、小説や紀行文にもみられるように汽車の旅と汽車土瓶は切っても切れない関係にありそうです。逆に言えば、汽車土瓶・茶瓶をみると汽車の旅を連想するということも大いにあるでしょう。近年では、汽車土瓶がオークションに出品されていることもしばしばあります。また、復刻された汽車土瓶・茶瓶は比較的高価であるにもかかわらず、売り出されるやいなや売り切れてしまうそうです。汽車土瓶・茶瓶全盛期を知る人にとっては、汽車の旅を思い起こすためにはどうしても手に入れておきたい一品の一つなのでしょう。

ところで、汽車土瓶・茶瓶をつくっていた窯場では、ほかにも鉄道に関係するものをつくっていたのです。それは、どんぶりでした。つくりだされた汽車土瓶・茶瓶は、駅弁業者の元に渡るわけですが、ついでにといっては何ですが、駅売りのどんぶりも注文していたようです。信楽の窯跡で採集したものの中には静岡駅東海軒の鰻丼や「名物牡蠣《かき》飯し」と書かれたものもみられるのです。

つまり、汽車土瓶・茶瓶は旅の友。汽車土瓶・茶瓶とともにつくられて、駅で売られていた丼は、旅の友の友、ということになりますね。

どんぶりもの

66. うなぎどんぶり一式

①昭和初年～ 20 年頃
②静岡駅（明治 22 年～）
　／東海道本線
③東海軒（明治 22 年～）
④手回しロクロ／手描き
⑤信楽産（神山８号窯）

67. 牡蠣飯しどんぶり蓋

①昭和初年～ 20 年頃
④手回しロクロ／手描き
⑤信楽産（神山８号窯）

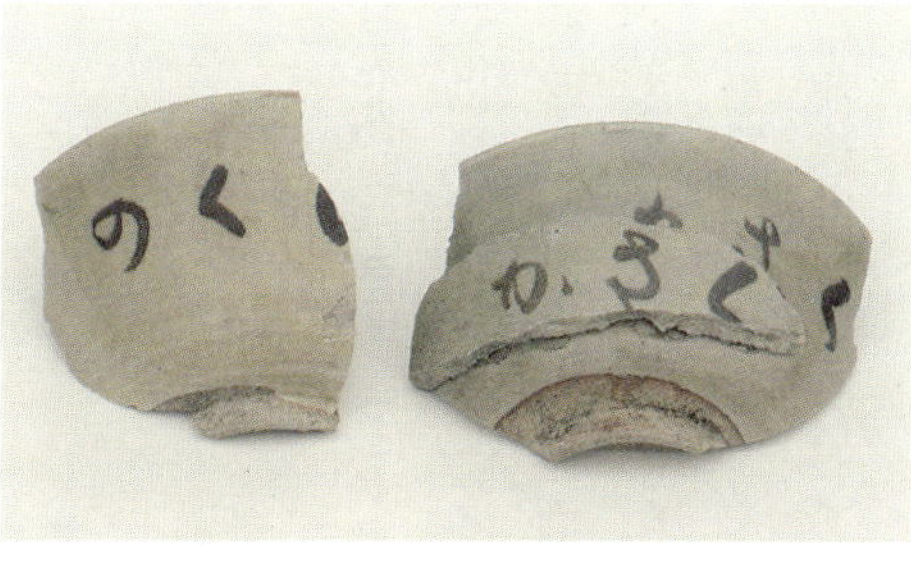

68. どんぶり

①昭和初年～ 20 年頃
④手回しロクロ／手描き
⑤信楽産（小川５号窯）

ポリエチレン容器と汽車土瓶・茶瓶

［昭和三〇～四〇年頃］

昭和三二、三年に、汽車土瓶・茶瓶の存在をおびやかす新しいお茶容器が登場します。それは、ポリエチレン容器でした。ポリエチレンのにおいがお茶に移ってしまうことから、お客さんの評判はよくありませんでしたが、陶磁器製の容器にくらべると原価が安いこと、軽量であること、ゴミ処理に際して焼却が可能であることが駅弁屋さんに好評で、徐々にポリエチレン容器が出まわるようになります。最終的には、ほとんどの汽車土瓶・茶瓶生産が、ポリエチレン容器の出現から一〇年前後の間に終わってしまったのでした。

当時は定型的な茶瓶のほか、名古屋の城形、下関のフグ形、小田原の小田原提灯《ぢょうちん》形、下諏訪のコイ形などのように、各地の名勝や名産品を形取った茶瓶がつくられるようになりました。信楽では石膏型機械ロクロ成形の土瓶が主体をしめていましたが、信楽学園で昭和三五年から泥漿鋳込成形の茶瓶がつくられるようになりました。

69. 折衷型茶瓶

①昭和 30 ～ 40 年頃
④泥漿鋳込／h = 8.2㎝
⑤信楽産
※試作品か？

70. 折衷型茶瓶

①昭和 30 ～ 40 年頃
④石膏型機械ロクロ
／h = 7.0㎝
⑤信楽産（神山８号窯）

村瀬汽車土瓶工場

汽車土瓶がいつからどの窯場でつくりはじめられたかについては残念ながら明らかではありません。現状では明治二二年の静岡駅で二銭五厘でお茶が販売されていたことをしめす資料が、記録に残るもっともさかのぼるものとなっていますので、そのころには汽車土瓶が登場していたと考えられています。

実は、信楽神山の村瀬音二郎さんが、「萩乃家」さんからの依頼で、明治二〇年代に汽車土瓶をつくっていたことがわかっています。それは、二合入りくらいの小形の土瓶で、形は薩摩《さつま》型という腰を削ったもので、絵付けは鉄描銅彩《てつびょうどうさい》の山水土瓶だったといいます。そののち、茶椀をつけ、駅名を記したものが、明治二六、七年に草津線で採用されたといいます。

くわしいことは明らかではないといえ、記録に残されている汽車土瓶生産の公式記録としては、一番古いものになります。

信楽汽車土瓶の盛衰をみてきた村瀬汽車土瓶工場は昭和のなかばまで汽車土瓶をつくりつづけ、現在なお往時を偲ばせるものがたくさん残されています。汽車土瓶ファンには必見の場であるといえます。

71. 村瀬汽車土瓶工場の看板

村瀬汽車土瓶工場入り口の看板「汽車土瓶は村瀬の生命」

宿舎入口の看板
「大阪鉄道局指定汽車土瓶製造工場」

72. 村瀬汽車土瓶工場の外観

入口方向から工場を見る

工場主屋

工場前庭の乾燥棚

工場庇の乾燥棚

73. 村瀬汽車土瓶工場の石膏型機械ロクロ

74. 石膏型機械ロクロでの作業のようす

75. できあがった製品は棚で乾燥させる

76. 石膏型をつかった手作業
（土瓶の注ぎ口などはこのようにしてつくられた）

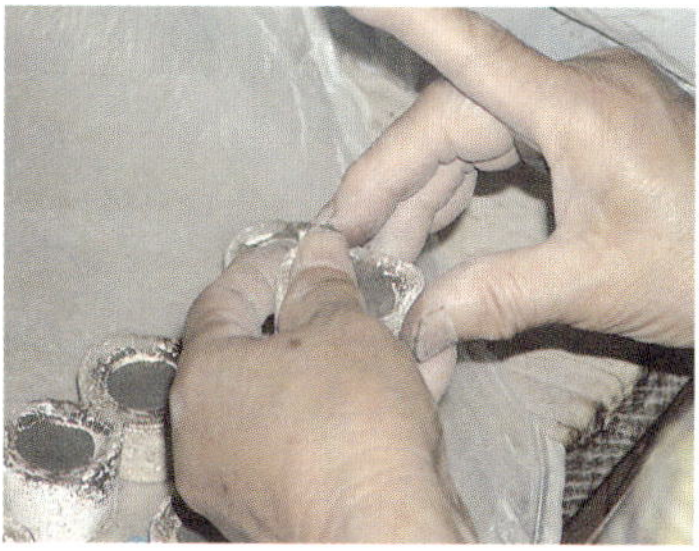

77. 汽車土瓶石膏型

①昭和 30 ～
④石膏型機械ロクロ
⑤信楽産（村瀬汽車土瓶工場）

78. 記名土瓶

①現代
④石膏型機械ロクロ
⑤信楽産（村瀬汽車土瓶工場）

信楽学園と汽車土瓶

知的障害児をあずかる信楽学園では、開所当時から生産指導として〝土にふれる〟やきものづくりをおこなってきました。

知的障害児・者を援護する法律のない時代にあって、地域住民・行政の理解をあおぎながら生徒たちに生産技術を習得させ、就職の道をつくっていくのはきわめて大変なことであったと思われます。

信楽学園では、当初は石膏型機械ロクロ成形、のちに泥漿鋳込成形による汽車土瓶・茶瓶がつくられました。泥漿鋳込成形で茶瓶をつくったのは信楽学園のみでした。できあがった製品を萩乃家さんや井筒屋さんにおさめたほか、シアトルでおこなわれた盆踊り大会用の汽車土瓶をつくったりもしました。

信楽寮・信楽学園で生み出されたのは、汽車土瓶・茶瓶をはじめとするやきものだけではなく、知的障害児・者がたくましく生きていく自信と実績でもあったのです。

信楽学園と汽車土瓶

79. 記名土瓶

①昭和 27 ～ 35 年
②米原駅（明治 22 年～）
　／東海道本線
③井筒屋（明治 22 年～）
④石膏型機械ロクロ／プリント
　／h＝6.8cm
⑤信楽産（信楽学園）

80. 折衷型茶瓶

①昭和 35 ～ 42 年
②米原駅（明治 22 年～）
　／東海道本線
③井筒屋（明治 22 年～）
④泥漿鋳込／h＝7.3cm
⑤信楽産（信楽学園）

81.　折衷型茶瓶

①昭和 36 年
② Seattle Buddhist Church
④泥漿鋳込／h = 7.5㎝
⑤信楽産（信楽学園）

米原井筒屋さんと汽車土瓶

東海道線と北陸線の分岐駅、滋賀県内で「現在」唯一の新幹線停車駅でもある米原駅。現在なお、多くの鉄道ファンが訪れています。

この米原駅で駅弁を販売しているのが井筒屋さんです。井筒屋さんのお弁当のおいしさもさることながら、そのお弁当の中に目を向けてみると、陶磁器がそっと、もちいられていることに気づきます。汽車土瓶・茶瓶が姿を消してからもひきつづき信楽学園でつくられたものがもちいられているのです。つまり、それは信楽汽車土瓶・茶瓶の末裔といえるのです。

また、井筒屋さんの汽車土瓶コレクションをみると、信楽汽車土瓶の盛衰をコンパクトにみることができます。もっとも古い資料は明治三〇～大正一〇年頃の駅名入り汽車土瓶。ついで、ガラス茶瓶出現後に販路を縮小した信楽に代わって参入した瀬戸伊村製陶の茶瓶。その次が信楽学園でつくられた石膏型機械ロクロ成形の駅名入り汽車土瓶。さらにそのつぎも信楽学園でつくられた泥漿鋳込成形の汽車茶瓶。最後にポリエチレン容器となっています。

井筒屋さんの汽車土瓶

82.　記名土瓶

①明治 30 ～大正 10 年頃
②米原駅（明治 22 年～）
　／東海道本線
③井筒屋（明治 22 年～）
④手回しロクロ／手描き／h = 7.4㎝
⑤信楽産

83.　折衷型茶瓶

①大正 10 ～昭和 20 年頃
②米原駅（明治 22 年～）
　／東海道本線
③井筒屋（明治 22 年～）
④泥漿鋳込／h = 11.0㎝
⑤瀬戸産（伊村製陶所）

84. 記名土瓶

①昭和 20 ～ 30 年頃
②米原駅（明治 22 年～）
／東海道本線
③井筒屋（明治 22 年～）
④石膏型機械ロクロ／プリント
／h = 7.2cm
⑤信楽産

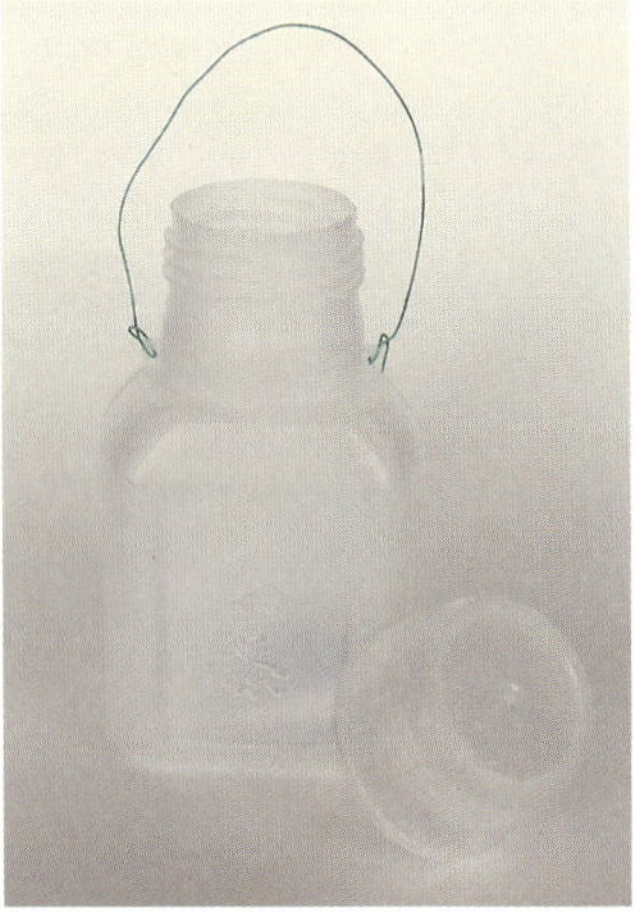

85. ポリエチレン容器

①昭和 40 ～ 50 年頃
②米原駅（明治 22 年～）
／東海道本線
③井筒屋（明治 22 年～）
④ポリエチレン

汽車土瓶の末裔たち

86. うなぎどんぶり蓋

①現代
②米原駅（明治 22 年〜）
　／東海道本線
③井筒屋（明治 22 年〜）
④泥漿鋳込
⑤信楽産（信楽学園）

87. 井筒屋包装紙

安政元年（1854）、長浜港の船着場近くに創業した旅籠が、井筒屋の発祥。明治 15 年、そのすぐ西に旧長浜駅舎が完成。明治 5 年の時点で井筒屋は本店を米原へ移しており、湖東線（長浜―大津間）が完成した明治 22 年に駅弁を売りはじめた。

88. そば猪口

①現代
②米原駅（明治 22 年～）
　／東海道本線
③井筒屋（明治 22 年～）
④泥漿鋳込
⑤信楽産（信楽学園）

89. ぐいのみ

①現代
②米原駅（明治 22 年～）
　／東海道本線
③井筒屋（明治 22 年～）
④泥漿鋳込
⑤信楽産（信楽学園）

窯業試験場と汽車土瓶

近代をむかえた信楽は、新たな基軸を打ち立てるべく明治三六年には同業組合の経営する模範工場を設立しました。信楽焼の質的向上をはかるためと業者指導および研究機関としての機能をもたせることを目的としていました。

そののち昭和三年五月に模範工場の機能を引き継いで滋賀県信楽窯業試験場が誕生しました。現在は窯業技術試験場となりましたが、かわらず窯業技術の開発と普及につとめておられます。

当然ですが、信楽の名産の一つであった汽車土瓶とのかかわりも深く、地元業者からの汽車土瓶生産の相談を受け付けたり、幻の満州鉄道汽車土瓶の試作や、汽車土瓶終末期である昭和三〇年代の汽車土瓶試作、信楽学園での泥漿鋳込汽車茶瓶の技術指導をおこなったことなどが知られています。

また、窯業試験場の信楽焼コレクションは、汽車土瓶のみならず中世以降の信楽焼生産を知る上では欠くことのできない逸品がそろっています。知る人ぞ知るコレクションです。一見の価値ありです。

90. 折衷型茶瓶

①昭和 15 ～ 17 年か?
②満州鉄道
④泥漿鋳込／h = 9.2cm
⑤信楽産（信楽窯業試験場か?）

91. 折衷型茶瓶

①昭和 34 ～ 44 年
④泥漿鋳込／ h = 9.4㎝
⑤信楽産（信楽窯業試験場）
※試作品（日根野作三氏デザイン？）

92. 折衷型茶瓶

①昭和 34 ～ 44 年
④泥漿鋳込／ h = 9.7㎝
⑤信楽産（信楽窯業試験場）
※試作品（日根野作三氏デザイン？）

93. 折衷型茶瓶

①昭和 34 ～ 44 年
④泥漿鋳込／ h = 9.5㎝
⑤信楽産（信楽窯業試験場）
※試作品（日根野作三氏デザイン？）

94. 日根野作三氏による汽車茶瓶図面

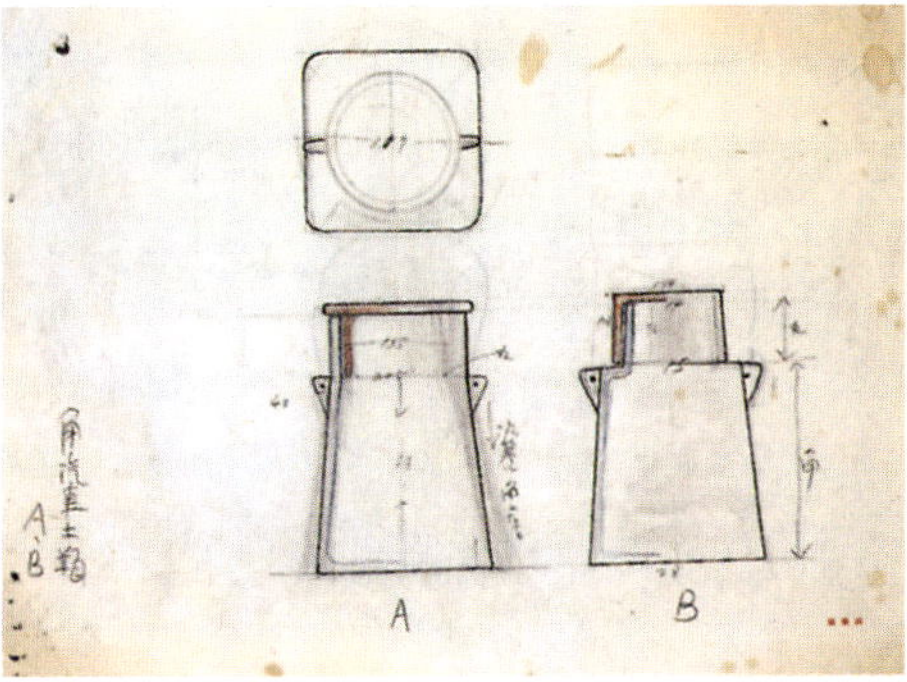

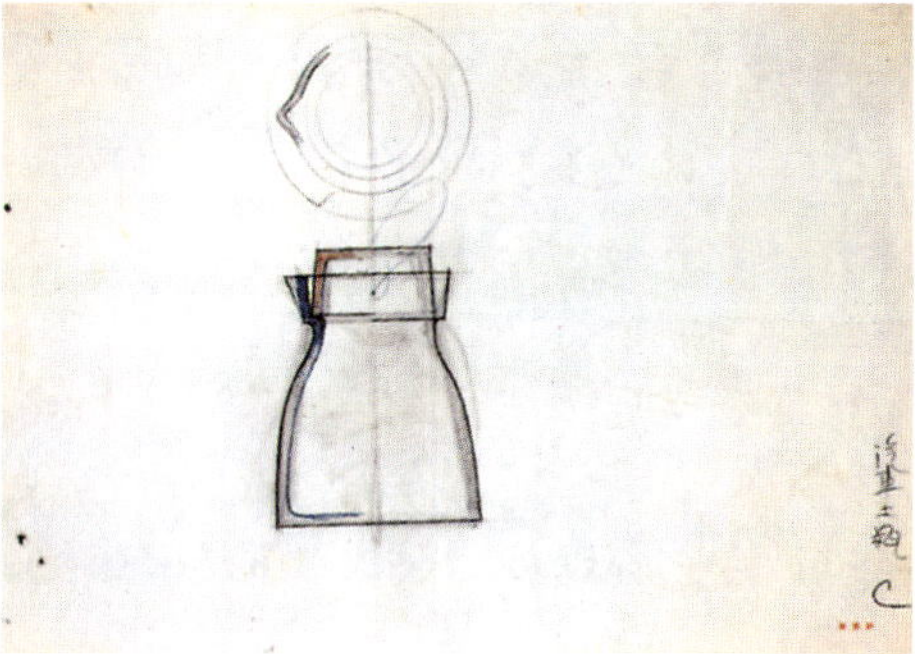

95. 泥漿鋳込の方法

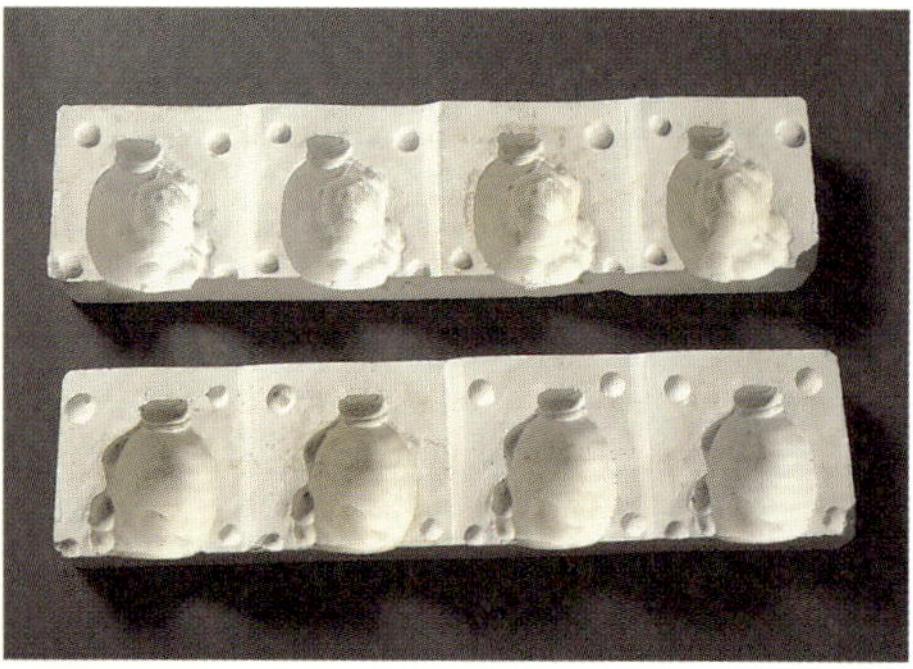

石膏型を用意する

水で溶いた陶土を型に流し込む

しばらくしてから不要な陶土を石膏型から出す

さらにしばらく乾燥させてから、型をはずす

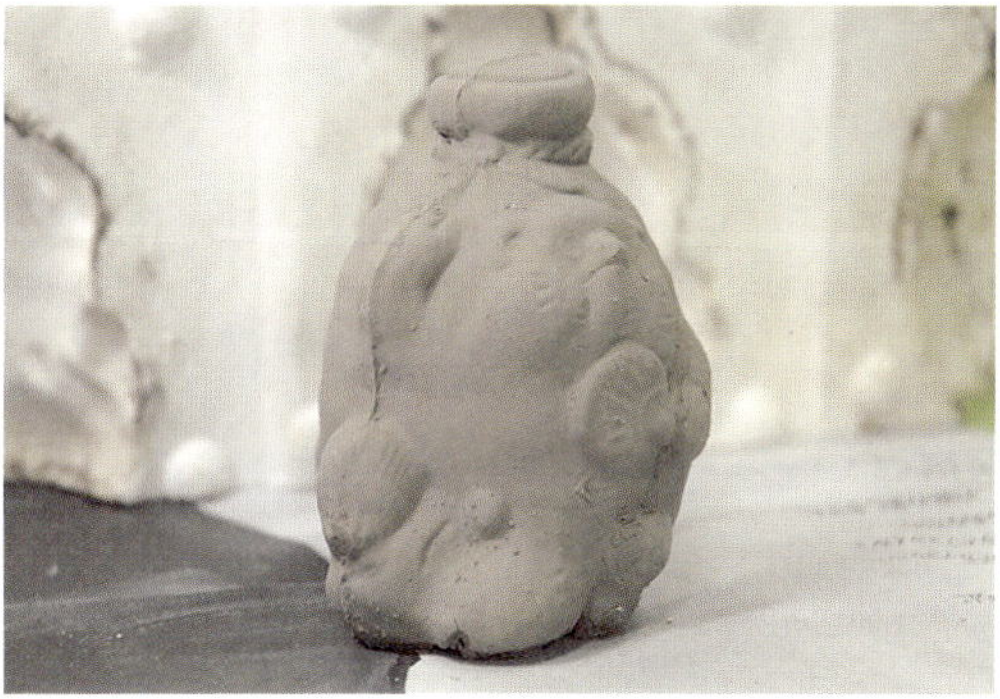

できあがり！

泥漿鋳込は、作業そのものに特殊な技術や熟練は必要としないこと、大量生産に向いていること、ロクロを用いないことから円形にとらわれずに様々な形を作り出すことができるのが特徴です。

信楽、汽車土瓶の時代

ここでは信楽で汽車土瓶をつくっていた時代についてみてみることにしましょう。

まずは汽車土瓶の生みの親である村瀬音次郎さんや明治・大正・昭和と激動の時代に汽車土瓶をつくっていた小原由右衛門《よしえもん》さんのエピソードを中心に信楽汽車土瓶の盛衰についてふれることにします。

ついで、汽車土瓶終焉のころに生産していた信楽学園、汽車土瓶・茶瓶生産の技術的援助をおこなっていた信楽窯業試験場をとりあげることにします。

最後に、信楽汽車土瓶を考古学的にみることにより、どのようにしてつくりだされたのか、どのように流通していたのか、どのように使われたか（捨てられたか）を考えることにします。

しばらく、信楽汽車土瓶とともに時間の旅をお楽しみください。

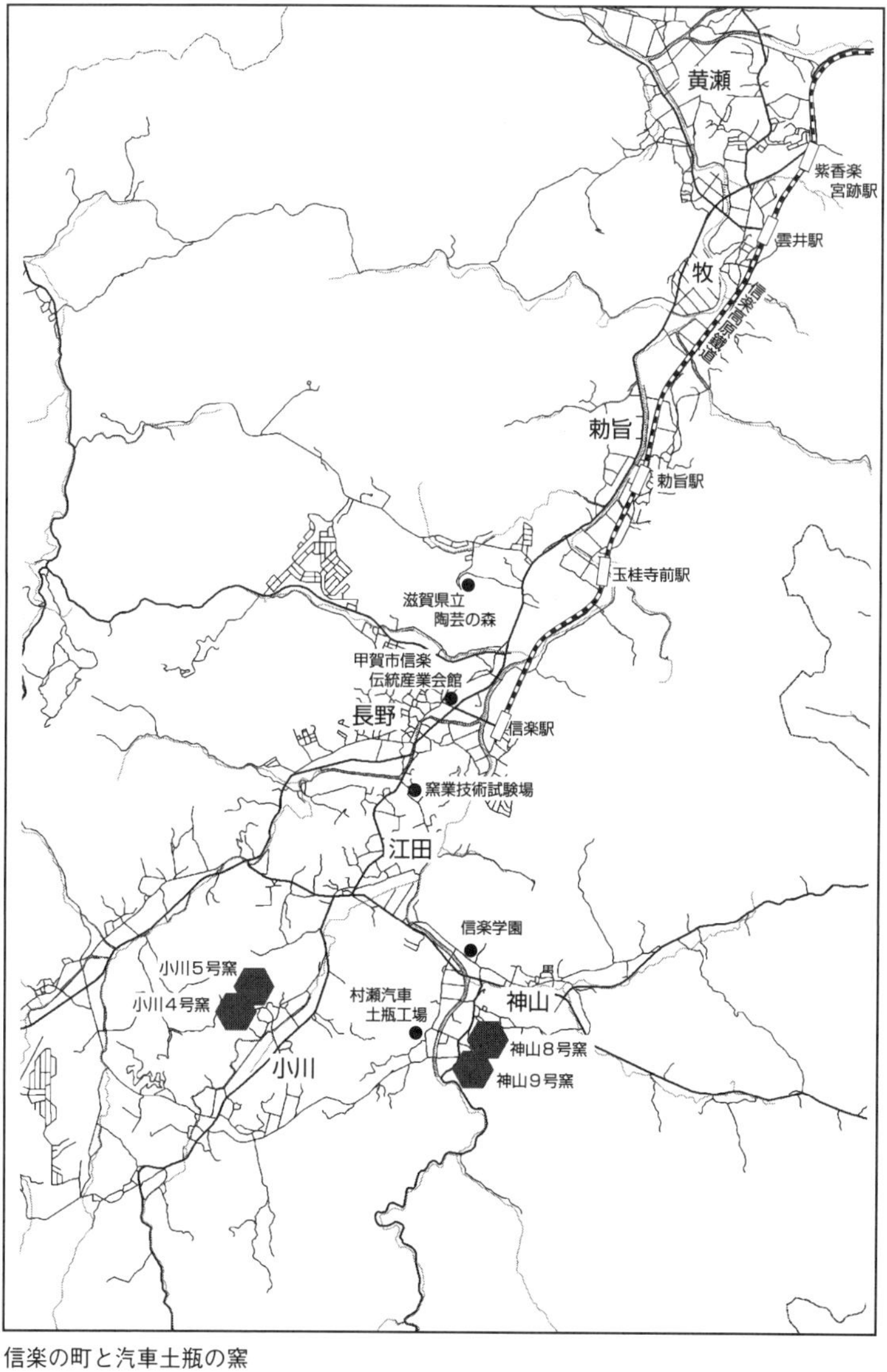

信楽の町と汽車土瓶の窯

第一章　近代の信楽

江戸時代においては、宇治茶の御茶壺道中にもちいる茶壺をはじめとして水指《みずさし》や茶入れなどの茶陶の生産地として、また、京都とともに京焼風の小物施釉陶器の生産地として信楽は広く知られていました。明治維新をむかえた信楽はどのような変化をとげていったのでしょうか。

第一節　近代日本の陶磁器産業の中での信楽

一．生産額の増加と輸出

幕末から明治初期にかけて、陶磁器産業は領主階級の保護をはじめとする既得権がなくなってしまったことから、大きく様変わりしました。

藩が経営に深くかかわっていた藩窯《はんよう》などが次々と姿を消していきました。一方で、独自の販路をもっている伝統的産地である瀬戸・京都・有田などは生き残りました。また、名古屋や横浜のように、絵付けを専門に輸出を展開した陶磁器業地が出現したことも、近代陶磁器産業の大きな特徴だといえます。

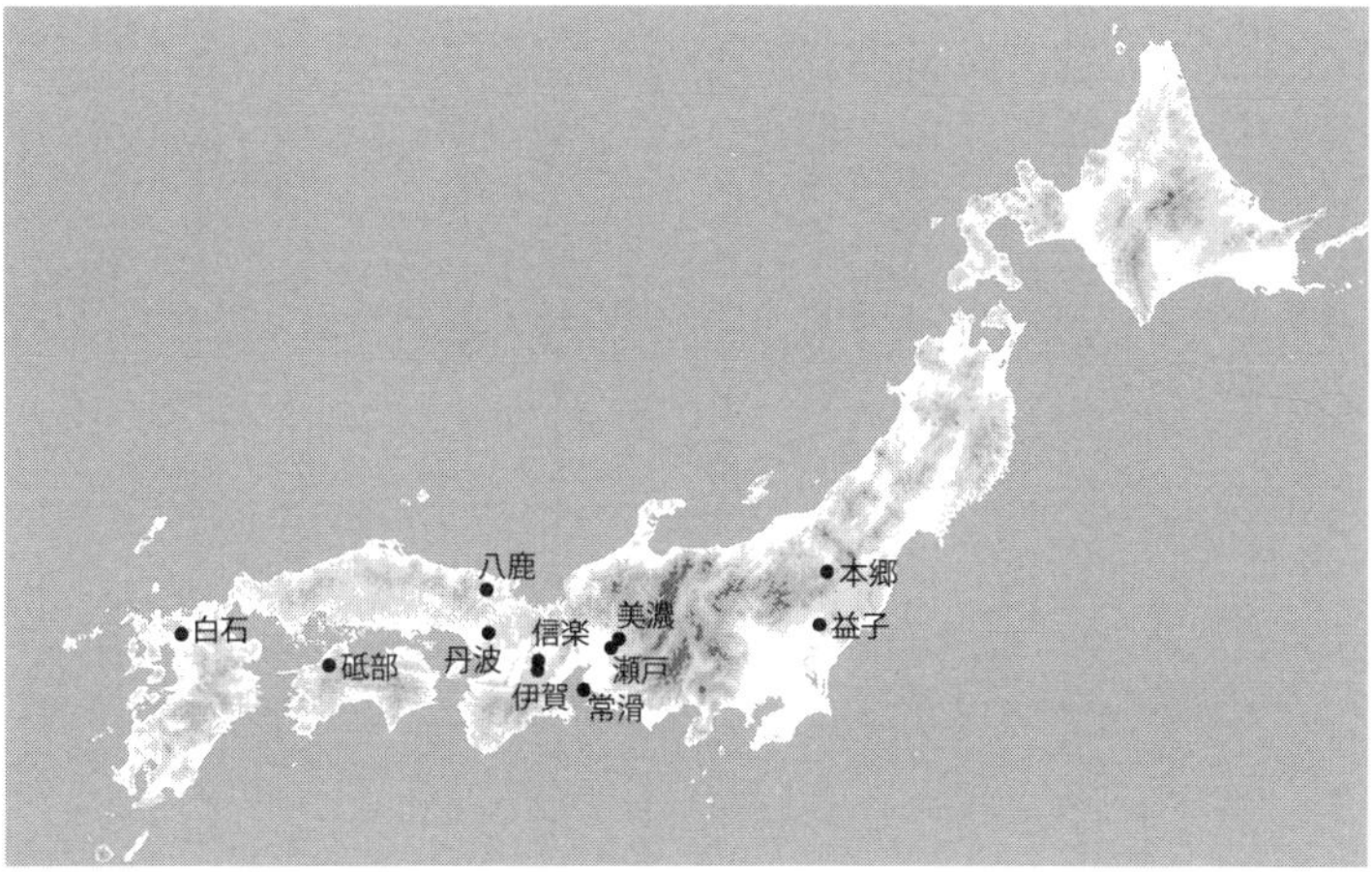

汽車土瓶をつくった窯場

陶磁器産業のみならず、近代産業は明治から大正期を通じて急速にその生産額を拡大させていきました。全産業産出高でみると、明治一八～大正四年には二倍強、大正四～昭和一〇年の短い期間にも二倍強の拡大があったことがわかります（西川ほか一九九〇）。陶磁器業もこのような流れの中で、生産額を増大させています。

たとえば京都では明治二五年に生産額約六〇万円（当時、公務員の初任給は月八円）であったものが明治四四年には約一二〇万円に、同時期の有田では約四〇万円が一〇〇万円に、同じく瀬戸では約三五万円が一二〇万円にと飛躍的な増加がみられます。

信楽においても生産額は明治期から大正期を通じてほぼ増加しつづけており、明治二五年に約五万円であった生産額は四四年に至って約二四万円になっています。また、大正三年には一九万八千円（当時、（公務員の初任給は月一一円）まで減少したものの、大正五年には一気に三〇万円台までもの増加がみられました。これは第一次世界大戦が勃発した年にあたり、海外での需要と販路の拡大、それに伴う内地向き製品製造の品薄状態、硫酸瓶製造の需要が原因ですが、この時期、飛躍的に生産額が伸びていることは間違いありません。

二．産地の規模

産地全体の規模からみると、信楽は生産額、戸数、職工人数において、有田・瀬戸・美濃・京都などの大生産地におよぶべくもありませんでした。しかし、一人あたり、一戸あたりの生産額をみると信楽が特に低かったわけではありません。つまり各々の戸における生産性としては他窯業地より低かったわけではなく、窯場全体の規模が小さかったといえるでしょう。

では経営規模はどうだったのでしょうか。この時代の主要な産業は、在来産業がその多くを占め、労働力を農家副業に依存していました（西川ほか一九九〇）。そのため、小規模もしくは家内経営で成り立っていた産業が多く、陶磁器産業もその一つであったとみられます。

京都・有田・瀬戸・美濃・常滑・信楽といった主要産地の一戸あたりの職工数を見ると、有田以外はどの産地でもほぼ五～一〇人前後で推移しており、陶磁器業を営んでいた戸、一つひとつが小規模であったことがわかります。信楽に関しても、他産地と比べて、極端に小規模であったわけではなく、他産地と同じように一〇人以内の家内経営で成り立っていました。

三．生産品の種類

次に生産品の種類を見てみましょう。

近代の陶磁器は輸出品としても重要でした。繊維類と雑貨類を主として輸出が構成されていた中、雑貨としてはマッチと並ぶ重要輸出品でした。陶磁器業界の中でも輸出は多くを占め、多いときには六〇%、少ないときでも三〇%あり、海外が大きな市場となっていたことがわかります。

輸出製品の種類としては装飾品が主であり、その販路はアメリカが多くを占めていました。有田では、明治二四年から輸出の利益を見越して、日本国内向製品製造からの転換をはかりました。美濃においては、内地向不況時である明治三七年頃は「追々海外輸出品の製造に移り」、輸出不振時の明治四一年頃には「輸出品製造者は内地品に転換するもの続出し、其の最も甚しき地方に至りては、従来輸出品六分、内地品四分なりしもの一変して輸出品二分、内地品八分の比例を示し」と対応していたことがわかります（加藤一九〇四）。

四．製品の品質について

この時期の陶磁器業には、いくつかの問題点があったのですが、その一つがこの粗製濫造《らんぞう》の問題でした。輸出品が実用品でなく、装飾品中心となっていたのは、日本陶磁器が粗製で海外での実用に耐えられなかったためでした（大日本窯業協会一八九二）。

明治二五年に発刊された『大日本窯業協会雑誌』には、第一号から「日本陶磁器の欠点」として実用品として使用することが難しいことをあげています。また、そののちもこの雑誌の中では粗製濫造問題について幾度となく注意を喚起しています。

「本邦における磁器及び陶器の製造業は、従来手工業的組織なれば其形状極めて不定にして、殊に其質粗造なるの結果、脆弱にして実用に適せす」（農商務当局談一九〇七）とあるように、陶磁器産業は家内工業であり手工業であったため、大量生産が難しく品質のよいものを作ることが難しかったようです（手島一九〇四）。

第二節　近代の信楽

一．国内向け実用品をつくる窯場、信楽

このような中で信楽においては国内向けの陶器のみを生産していました。もちろん、その一

部は大阪商人の手を経て輸出されていたようですが、大部分は日本国内で使用されています（滋賀県内務部一八九九）。

それは、明治三七年の国内需要額が大幅に低下した際、信楽の陶磁器生産額が激減し、「従来、県下に産する陶器は、内地に需要品の製作に止まるを以て、本年の如き時雨《しぐれ》に遭遇せは、物ち其影響を蒙るを以て、漸次製品の改良を為し、併せて海外輸出品を製作するに至ては盛況を呈するに至るへし」（農商務省一九〇八）といわれることからもうかがうことができます。製品の種類も実用品が九割を占めていました（大日本窯業協会一八九六）。

基本的に信楽では近世以来絵付けをした小物や花瓶といういわゆる装飾品はほとんどつくられていませんでした。これは明治時代に入ってからも変わらず、信楽の主な製品の種類もそれほど変化はみられませんでした。

信楽で絵付けをした陶器がつくられていないことは、明治時代に入って各陶業地で頻繁に開かれるようになった品評会での品目をみるとわかります。一方、京都・瀬戸・有田では絵付けの図案を審査することも行われています。中でも有田では、組合事業として図案会を設立し、図案競技会を開催していたのです。

しかし、信楽・常滑においてはこういった図案に関する品評会は行われていませんでした。これは信楽・常滑においては図案を審査し、改良する必要性がないような製品をつくりつづけていたことを反映しているのです。

二．技術を他に依存する窯場

海外輸出に目が向かなかった原因は、近世からの信楽焼の歴史性もさることながら、技術的な問題もかかわっていた点を見のがすことはできません。

原料となる信楽の陶土は、「天恵にして無尽蔵」（滋賀県内務部一八九九）というほど、量も豊富で、質も良好でした。

京都の輸出向け装飾品である粟田焼《あわた》は、近世から黄瀬《きのせ》でつくられた信楽焼の素地に絵付けを加える形で成り立っていました。信楽では明治時代の早い段階から土を生かした製品、例えば硫酸瓶、硝子坩堝《るつぼ》などの新製品を作り出しています。

しかし、土を加工し、精製することや釉薬の原料となる石を精製する技術が、信楽にはなかったため、これらの原料を一旦京都へ送り、京都で精製した後に、信楽へ返して使用するという大変「不経済」なことがしばしば行われていたのです（滋賀県行政文書一九一〇）。

さきに述べたように信楽においては絵付をする技術はもちろんのこと、まず土を精製する技術すら十分になかったのでした。また、全国の陶産地では粗製濫造が問題となっていたことはすでに述べましたが、陶土に恵まれた信楽でもその問題は大きく、特に原土採掘業、製土請負業、生素地製造業、製造業、釉薬仲買販売業、陶器仲買業と分業化が進んでいたことにより、原土製造は出稼ぎ労働者の手によることが多くなり、さらにこの問題に拍車をかけていたと思われます。

当然のことながら、のちにこれを解決する手段が模索されていくことになります。これが後の同業組合、窯業試験場設立へとつながっていくのです。

このように、信楽は内地向けの製品を生産していました。ただし、「近来支那《しな》より輸入する植木鉢水鉢水瓶等の模造は当地に適せりと考ふ。（中略）此輸入を防くのみにても一廉《ひとかど》の効なるへし」（河原一九〇四）と、輸入品防止としての役割を期待されてもいたのです。

三．信楽での製品の流れ

では当時信楽焼はどのようなルートで販売されていたのでしょうか。

明治時代、製品出荷の流れは、製造業者から信楽の仲買を通し、大阪問屋などをいったん経由した後に全国の問屋へ出荷されていました。

この販売方法は、近世からつづいていたようで、瀬戸物町として名をはせた大阪の西横堀には、信楽焼専業の瀬戸物屋がありました（大阪経済史料集成刊行委員会一九七四）。しかし、一旦大阪問屋を経由するため、その分元値は安く、売値が高くなり、信楽の製造業者と仲買には不利な状況であったといえます。

しかし販売においても明治四〇年後半に入るころには、あとで述べるように陶業組合の模範工場製品が「関東関西九州北陸地方並に台湾等の商人へ直接取引を為し」（滋賀県行政文書行政文書一九〇九）、その少しあとには、一般陶業者も大阪問屋を介さず、信楽の仲買や問屋が直接各地の商人と取引していく形態へと変化していきました。各地の商人もまた信楽へおもむき、直接取引を行ったようです。これによって、手数料が不要になったうえに、販路も一変し、特に東京への出荷はさらに拡大することになりました（倉橋一九一五）。

四．汽車土瓶の生産規模

近代信楽窯業において汽車土瓶はどれくらいの生産規模であったのでしょうか。汽車土瓶の最盛期は大正八年頃であるとされています。大正三年にはこれまで「土瓶」とし か記載されなかった生産品項目に「汽車土瓶」を見出すことができます。この頃には日本列島で広く使用されるようになっていました。大正の終わり頃になると信楽汽車土瓶は「其の生産全国第一位とす」と認識されていたようです。

信楽の中での生産額としては詳しいことはわかりませんが、大正九年頃には年額八万円以上に上るとされています。この当時の信楽の生産額が七〇万円程度でしたので、およそ一割強を占めていたことになります。

つまり、信楽における汽車土瓶生産は、決して小さいものではなく、市場では一定のシェアをもっていることは認識されていたといえるのです。

第二章　信楽窯場における汽車土瓶の生産

この章では、時間の流れにそって信楽窯場における汽車土瓶生産についてみていくことにします。

第一節　信楽汽車土瓶のはじまりと村瀬音次郎さん―明治二〇年頃―

一．聞き取りによる信楽汽車土瓶のはじまり

（一）平野敏三さんによる聞き取り

平野敏三さんが、村瀬丈太郎さんに聞き取りした信楽での汽車土瓶のはじまりは以下のとおりです（平野一九八二）。

近江大津の萩山平兵衛さんが信楽長野村の商人宿今井源蔵さんのところに宿泊し、汽車土瓶生産の計画をもちかけました。しかし、当時の信楽長野村では大物ばかりをつくっており、小物をつくっていませんでした。そこで、三〇軒ほどの焼き屋さんが土瓶づくりで生計を立てていた長野村のとなりにある信楽神山村に話をもちかけることにしたそうです。

神山村一番の大工場であった丸傳《まるでん》、すなわち北村傳左衛門さんのもとで、試作をしたといいます。それをつくったのが、丈太郎さんの父親である村瀬音次郎（明楽）さんだったのです。茶椀をつけ、駅名を記したものが、明治二六、七年に草津線で採用されたといいます。

（二）　桂又三郎さんによる聞き取り

桂又三郎さんが村瀬丈太郎さんに聞き取りした信楽での汽車土瓶のはじまりは以下のとおりです（桂一九七〇）。

馬場駅（現在の膳所駅）で工夫をしていた萩山平兵衛さんが旅客のために駅売りをすることを思いつき、「萩乃家」と称して大津駅に店をだし、ついで京都駅にも店をだしました。駅でお茶を売ることを思いついた萩山さんは、信楽の窯元に相談にいったのです。その時に相談にのったのが村瀬音次郎さんで、二合入りくらいの小型の土瓶を試作したそうです。形は薩摩型という腰を削ったもので、絵付けは鉄描銅彩の山水土瓶だったといいます。

二．信楽汽車土瓶登場

（一）　信楽における汽車土瓶のはじまり

二つの聞き取りの内容には、ややくいちがいがみえるものの、出土（採集）資料などをみていると、最初につくられたのは、やはり駅名入り土瓶ではなく小型の山水土瓶であったとみられます。最初に採用されたのは、草津線であったのか、東海道線であったのかは明らかではありませんが、いずれにしても「萩乃家」さんにかかわる仕事であったことはまちがいなさそうです。

なお、村瀬音次郎さんは明治三三年に亡くなっていますから、当然それ以前に汽車土瓶をつくりだしていたことはまちがいないといえます。くわしいことは明らかではないといえ、記録に残されている汽車土瓶生産の中では、一番古いものになります。

(二)　村瀬音次郎さんの人となり

信楽で最初に汽車土瓶をつくりだした音次郎さんの人となりについては、桂さんの聞き取りがあるので、簡単に紹介しておきましょう(桂一九七〇)。

96. 村瀬汽車土瓶工場の地蔵さん

音次郎さんは、嘉永六年（一八五四）に生まれ、明治三三年に四八歳で亡くなりました。陶技に優れた名工で、余技に相撲を好み、「荒波音次郎」と称して村民を集めて相撲の興行をしたそうです。

村瀬家は、もと大坂の出身で、初代以来漁具を商っていたのですが、大塩平八郎のもとに娘を嫁にだしたことから、天保八年の平八郎の乱ののち、欠所となって信楽にやってきたのだといいます。現在、村瀬さんのお宅には、天明年間に大坂の縁者が建てた大きなお地蔵さんが立っています。

三．汽車土瓶を売った店—駅弁販売店—

当然のことですが、お茶だけを売る業者さんがいたわけではなく、駅弁とともにお茶が販売されていました。先に述べた村瀬さんの相方は萩乃家さん、後に述べる小原さんは東海軒さんという駅弁販売店でした。ここで、簡単に駅弁屋さんのルーツについて見てみることにしましょう。

多くの旅客に、美味かつ衛生上安全な弁当を提供する適任者は、旅館や料理屋を営んでいたことが多かったといえます。中でも江戸時代以来、宿場の本陣や脇本陣、旅籠《はたご》を営んでいた老《し》舗《にせ》が見られるのが特徴です。

白河駅の柳家さん、宇都宮駅の白木屋さんは奥州街道の本陣、軽井沢駅の油屋さんは中山道の脇本陣、静岡駅の東海軒（旧大東館）さん、岡崎駅の鍵屋さん、豊橋駅の壺屋さんは東海道の脇本陣、越前今庄駅の大黒屋さん（現在は加賀温泉駅）も本陣をつとめていました。

このほか、金沢駅大友楼さんは代々加賀前田百万石の御膳寮を代々つかさどってきた料亭、福井駅の番匠商店さんは代々福井藩の大工棟梁をつとめてきた家柄、敦賀駅の塩荘さんは江戸時代からの海産物問屋、米子駅の米吾さんは北前船の廻船問屋でした。土地土地の老舗が駅弁販売にあたっていたことがわかります。

第二節　小原由右衛門さんと東海軒さん

村瀬さんと共に、信楽の汽車土瓶を担ってきたのが小原由右衛門さん（マルヨシ）でした。昭和三八年頃に廃業したのち、得意先であった静岡東海軒さんにあてた手紙が『東海軒繁盛記』に掲載されており、汽車土瓶をつくっていたころのようすを具体的にうかがうことができる貴重なものとなっています（有賀一九七六）。ここでは、つくりはじめたころのようすをみてみましょう。

一．信楽汽車土瓶の販路―明治三〇～大正一〇年頃―

小原由右衛門さんによると、明治三二年から国鉄全線各駅に土瓶を売るようになり、下関から山陰・山陽・北陸・中央・関西・東海・東北線には信楽が専属で納入し、当時は駅売り価格は二合入り二銭だったといいます（有賀一九七六）。この価格からみると、明治の頃に駅名入りの土瓶を大量生産していた頃の話であったことがうかがわれます。

明治三〇～大正一〇年頃までに、本州の大半の汽車土瓶を信楽の窯場がつくっていたというのは、出土（採集）した資料をみる限りでは、あながち大げさな話ではないように思えます。しかし、専属で納入していたかどうかについては、益子のようすなどをみても、やや疑問が残るといえます。

少なくとも、当時は西日本を中心とした地域の汽車土瓶をほぼ一手につくりだしていたのはまちがいなさそうです。

二．小原由右衛門さんと東海軒さん

東海軒さんの小原さんとの商売上のおつきあいについては『東海軒繁盛記』に記されています。それに従って、小原さんと信楽窯場のようすについてみてみましょう。

お茶と弁当とがともによく売れた戦前には、東海軒では洗浄・乾燥施設・倉庫といった茶瓶の再生処理所を設けていたそうです。それでも、品切れ防止のための仕入れ係は苦労していたようです。あと数日で品切れになると、電話や電報で窯元まで催促したのです。ただし、電話は呼び出しで、通話もよくなく聞き取れないことが多いことから、一度小原さんのところまで催促と実地調査にでかけたことがあったといいます。静岡から三重県の柘植《つげ》まで、関西線に乗り継ぎ、黒い煙を吐きながら山をこえて信楽にやってきたのです。

当時の汽車土瓶の窯は、三年に一度はつくりかえるもので、つくりかえると近親近所の人を呼んで祝宴をはったといいます。製品は手回しロクロでつくられ、三二の工程をへて、窯には三万個窯詰めすることができ、三〇〇把《ぱ》の薪《まき》を二昼夜にわたって焚き、数日後に窯出ししたそうです。荷造りには手間がかかったようで、農繁期には工員が来ないので出荷計画がくずれたそうです。実際に仕事場にいってみると、皆汗を流しているので叱言《こごと》もいえず「急げ急げ」とお願いするのみでした。せっかく信楽に来たのだからと信楽窯業試験場や伊賀上野の見学にいきたい気持ちをおさえて催促の役目をはたし、地酒と鶏をつぶしたものをご馳走になり、近江聖人中江藤樹の話を聞いて帰ってきたそうです。

小原さんは、力量をみこまれて同家に婿入りし、町会議員の任にもあったそうです。近江商人らしいねばり強さや徳があり、納品が遅れたことを責められても、上手な謝り方で相手の気をおさめたとのことです。

三．駅弁呼び売りの声

明治三五年（一九〇二）一月の「時事新報」という新聞に、当時の駅弁売りの呼び売りの声が活字となって掲載されています。お茶にかかわるものを中心に簡単に紹介しておきましょう。

東海道線
国府津　お茶はいかがー。パンはよろしうー。ビール弁当はいかが。
浜　松　お茶ーエー、弁当いかが、ビール正宗いかが、東京・大阪の新聞でござーい。
大　府　パンエー、すしエー、ビールはエー、お茶エ、新聞エ。
大　垣　エービールー、葡萄酒、正宗養老酒ー。エー弁当ー、
エー柿羊羹《ようかん》に蜜柑《みかん》エー、エーパンにお茶エー。
山陽線
笠　岡　弁当にお茶はいかがー。保銘酒に正宗いかがー、煙草マッチはいかがー。
三田尻　弁当に鮨《すし》はいかがー、お茶はよろしうー。
厚《あ》狭《さ》　弁当はいかがです、茶はいかがです。
九州線
行《ゆく》橋《はし》　鮨はよろー、まき鮨はよろー。弁当にお茶はよろー。

シーンブンはよろー。お菓子に果物はよろー。
折《お》尾《お》　お弁当よろし、お茶よろし。
鳥栖《とす》　お弁当よろーし、お茶よろーし。
早岐《はいき》　弁当はよろし、お茶よろし。
大牟田《おおむた》　お弁当パンはよろーし、お茶はよろーし。
関西線
加茂　鮨弁当の御用はいかが、茶御用いかがー。
日本鉄道線
白河　お弁当に鮨はいかがー、お茶はいかがー、ビール正宗はいかがー。
土浦　おすしにおべんとー、お茶はよろしー、土浦名産桜海老。

このようにみてみると、何となく方言も見え隠れして、ほのぼのしますね。駅弁売りの売り子さんは、弁当とお茶だけではなく、ビールや日本酒（中でも各地名産の正宗養老酒や保銘酒もみられる）、ワインといった酒類や、新聞、煙草にマッチ、おまけに各地の名物菓子なども携行してプラットホームを往き来していたのですね。

第三節　信楽汽車土瓶の最盛期とガラス茶瓶の登場—大正年間—

一．汽車土瓶の盛期

(一)　当時の生産規模

大正にはいると、次第に需要がのび、神山だけでも汽車土瓶専門の業者が三〇軒もあり、それに従事していた陶工は三〇〇人にもおよんだといいます（桂一九七〇）。

神山の里山を踏査すると、いくつもの窯跡をみつけることができますが、確実なものは一〇ヶ所程度です。つまり、ここでいう三〇軒という数字は、窯をもたないキジヤ（成形だけをおこなう職人）を含めたものである可能性を想定しておくのがよいでしょう。

また、大正七年には需要が増え、あつかいの大きい静岡に出荷する土瓶をのぞいて、釉薬を掛けないものをつくっていたそうです。このころに美濃の窯場が「変な形の品」をだして、生産競争が激しくなったといいます（ともに小原さんの手紙より。有賀一九七六）。「変な形の品」とは泥漿鋳込成形による汽車茶瓶の登場をさすものと考えられます。あとでもふれますが、泥漿鋳込成形による茶瓶型は、信楽においても技術としては存在していたものの、汽車土瓶の最終局面である昭和三〇年代に信楽学園が導入するまで一般化しなかった製造法でした。

手づくりで一日五〇〇個、蓋は一〇〇〇～一五〇〇個、口もそれくらいの数、一〇〇〇個しあげるのに二日間かかったそうです。陶工の日当は一日あたり一円五〇銭でした。つくり過ぎて問屋筋では一俵四二個入り一円五〇銭で駅弁屋さんに卸していたものが、たちまち乱売・安売り競争になってしまったそうです。

（二）　信楽焼同業組合のパンフレットから

大正三年頃にだされた信楽焼同業組合のパンフレットの中に、小原由右衛門さんの広告がでています。「信楽土瓶・神仏用油物卸商小原由右衛門」とあり、「汽車用・劇場用土瓶ノ印ハ御指定ニ応ジ記入可仕候」とあります。汽車土瓶のみならず、劇場土瓶というものもあったようなのです。ずいぶんと手広い商売をされていたのでしょう。

信楽の黄瀬でも大正年間に雲林院虎吉さんが信楽製陶合資会社を建てて井桁に雲の商標（雲井）で生産をおこなっていたのですが、一〇年もたたないうちにつぶれてしまったそうです。

駅売りのお茶そのものは売値が決まっているので、汽車土瓶の卸値にも限度があり、仲買人による買い占めや買い叩きがあると窯元の利益が少なくなっていくのです。各窯元ともに粗製濫造がすすみ、廃業やむなしとなるところも少なくなかったようなのです。ただ、窯元としては、代金の回収が確実であるという点が、たった一つの魅力であったといいます。

二．ガラス茶瓶の登場と汽車土瓶の使用禁止

かならずしも平穏であったとはいいがたい汽車土瓶生産でしたが、先に述べたように盛期をむかえていました。しかし、突如として存続の危機が訪れます。ガラス茶瓶の登場でした。不透明な陶器土瓶では沈殿物や不潔なものが混じっていてもわからないので非衛生的ですが、ガラス容器にすれば一見してわかるから衛生的であるという理由で、神戸鉄道管理局の五十嵐某氏と大阪吹田のビール瓶工場が提携し、ガラス茶瓶がつくりだされたのです。

法的には大正一〇年八月一日限りで陶器土瓶を廃止してガラス茶瓶をもちいることになったといいます（桂一九七〇）。

ところが乗客が窓からガラス茶瓶を捨てることから、線路工夫がけがをするなどの理由から非難がおこりました。これ幸いと、滋賀県知事堀田義治郎さんと甲賀郡長早川清三さんに陳情したところ、ガラス容器との併用が認められました。ただし、条件としては売れ残りのストック分だけということでした。それを額面とおりに受け取るわけもなく、つくっては焼き、焼いてはストックと称して売っていたのですが長くはつづかなかったといいます（平野一九八二）。

97. ガラス茶瓶

ガラス茶瓶の登場により、業者三〇軒、三〇〇人の陶工をかかえていた神山では、ほとんどの窯元さんが廃業に追い込まれたのでした。

三．復活のきっかけ—御大典汽車土瓶—

昭和三年に御大典があり、鳳凰《ほうおう》のレリーフ入りの汽車土瓶の注文がありました。しかし、この形状は泥漿鋳込成形でしかつくることができないものでした。

当時の信楽での汽車土瓶づくりの成形はもっぱら手回しロクロでおこなわれていたことから断念せざるをえず、結局、瀬戸にその注文をとられてしまったのでした。

しかし、この機をのがさず各地の窯場は猛運動をおこない、ようやく汽車土瓶の再興が認められます。

第四節　信楽汽車土瓶復活—昭和五〜二〇年頃—

一．復活する汽車土瓶

信楽における汽車土瓶の復活には意外に長い年月がかかりました。ほかの生産地はすでに復活をとげていたようなのですが、信楽での完全復活は昭和五年のことでした。大正一〇年に汽車土瓶の使用が禁止されてから実に一〇年の歳月がたっていたのです。

しかも、復活にたちおくれたこと、のちに述べるように美濃をはじめとする泥漿鋳込成形とくらべると生産コストがかかっていたことから、ガラス茶瓶出現以前の販路の多くは手放さざるをえませんでした。

（一）　大朝新聞の記事から

当時の様子をうかがうことのできる新聞記事があるのでみてみましょう。

昭和五年七月二二日の大朝新聞に「信楽の特産汽車土瓶愈《いよい》よ八月から復活」という見出しの記事があります。そこには、あついお茶を入れるとガラス茶瓶では割れてしまうことがあること、不透明なゴミがガラスを通してみえてしまうのが不快であることが汽車土瓶復活の理由であるとされています。

技術的には、石膏型機械ロクロが一部導入されたものの、汽車土瓶の形はガラス茶瓶出現以前のまま、土瓶型がつらぬかれたことがわかっています。ただし、「今回製出」されたものは、湯呑み茶椀を蓋がわりにするものであったようです。

なぜ、当時一般的になりつつあった茶瓶型にしなかったのかという点については、とある汽車土瓶業者さんが「型の曲がりくねった角のいやみなものを新型といふのでなくして、雅味と技芸の表れがそれである……」と土瓶型にこだわる心意気をみせています。さらには、「窯で焼いている時からあけるまでの六日間は全く寝つかれませぬ、こうかなあ、あれがうまくできるか、それとも駄目カナアと思ってくると深夜でも窯の側に立って、中で薪の燃ゆる音でも良いから聞いてかへる、全くその時の気分といったなら局外者には想像はできませぬよく焼けた時なぞは知らず知らず涙がボロボロ落ちます」と、汽車土瓶にかけるあつい思いを語ったのでした。

（二）　土瓶形をつくりつづける信楽

ここで問題になるのが、信楽窯場での技術と汽車土瓶の形態です。さきにもふれましたが、昭和三〇年代に入って、ようやく信楽学園のみが泥漿鋳込成形の汽車茶瓶をつくりだしたのですが、それまでは、手回しロクロ成形もしくは機械ロクロ成形による汽車土瓶がかたくなにつくられているのです。なぜでしょうか。

泥漿鋳込の技術が信楽で一般的でなかったということは確実ですが、窯業試験場では当時の鋳込みの試作品のいくつかをみることができます。あらたな技術として導入するなら、多少の労苦はともなうものの実現不可能なものではなかったかもしれません。しかし、熟練職人の高い技術力をもとめない、つまり安価な労働力で製作できるという、価格競争においては有利なはずの泥漿鋳込成形を導入しなかった背景には、何らかのこだわりがあったと思われます。

それは、小原由右衛門さんのいう「変な形の品」、昭和五年の新聞記事にある「型の曲がりくねった角のいやみな」形をした新興の泥漿鋳込による角形汽車茶瓶に対する汽車土瓶の「老舗」としての抵抗感だったのではないでしょうか。

ともあれ、ここで復活した汽車土瓶には蓋は省略されています。ロクロ成形による土瓶形をまもりながらも省力化をはかり、量産をもくろんだとみられるのです。

とはいうものの、美濃のように泥漿鋳込の土瓶型をつくりだすことは可能だったのです。結果論的ですが、ここでの抜本的な改革がすすめられなかったことが、大正前半期までの販路をとりもどすことのできなかった大きな理由といえるでしょう。

二　信楽汽車土瓶直売組合の設立

汽車土瓶の復活とともに、流通機構の改革がおこなわれました。村瀬丈太郎さんなどが奔走《ほんそう》して、「信楽汽車土瓶直売組合」が設立されたのです。これは、窯元と駅弁屋さんの間に入っていた仲買業者からの中間搾取《さくしゅ》から逃れるために、窯元と駅弁屋さんが直接取引するための組合だったのです。

最初の正式な注文が昭和五年に信楽汽車土瓶直売組合長浅井両太郎さんのもとに入りました。組合長の浅井さんは、かつて町長をつとめておられたのですが、ガラス茶瓶の登場にともなう汽車土瓶生産の停止によって神山では多くの窯元が廃業に追い込まれ極度の疲弊におちいっていたことから、町長を辞したのち、組合長に就任していたのです。

その時の卸値は、吊手、湯呑みつき一組で二銭三厘五毛でした。これによって、信楽での汽車土瓶生産は、安定をむかえることとなりました。

そののち、昭和六年には二銭五厘、昭和一四年には二銭八厘となりました。

直売組合設立の前後の卸値をみると、意外なことがわかります。設立前の卸値は駅売り茶の販売価格の二割程度であったのが、設立後には五割前後になっています。つまり、設立前には仲買が二割以上の手数料を取っていたのです。直売組合が設立されることにより、収入は倍になり、生産は安定していったものとみられます。

三．石膏型機械ロクロの導入

（一）信楽における石膏型機械ロクロの導入

信楽で石膏型をもちいて生産をおこないはじめたのは、明治三六年開設の模範工場であったといわれています。初代場長として招かれた九谷出身の村田甚太郎さんが床の間用の置物や、花瓶などの成形に石膏型を使って精巧な彫刻入りのものをつくりだしているのです。

そののち、大正五、六年頃、東京の中島富次郎さんという陶器商が、当時甲賀郡寺庄村（甲賀市甲南町）甲南町深川にあった増沢糸取鍋工場に来て、火鉢などを量産化できないかと相談したそうです。そこで信楽の今井辰次郎・石野里三さんがそれに応じ、瀬戸の技術を導入しつつ、石膏型の製作に着手したのでした。

「尾張型便器」「六角型投入」「彫刻入りの変形火鉢」の石膏型を完成しました。これらは、「型押し」による成形で、変形ものをつくることに成功したのでした。ひきつづき、「丸型」火鉢の成形に着手しました。これは、電動機械ロクロで大量生産されるために開発されたのです。開発にあたった石野里三さんは、このために田畑を手放したといわれます。努力の甲斐もあって、大正八年に谷忠吉さんが機械ロクロ成形をはじめ、同九年一一月には石野里三さんが火鉢の機械ロクロ成形に成功したのでした。

(二)　村瀬汽車土瓶工場における石膏型機械ロクロの導入

昭和五年には窯業試験場により泥漿鋳込による汽車土瓶が紹介され、昭和八年には村瀬さんが石膏型機械ロクロを導入します。

経緯はともかくとして、従来の手回しロクロから、機械化されていったということになります。石膏型機械ロクロの特性は、外面が石膏型であることから形や大きさがそろいやすいこと、成形にあたっては手回しロクロほどに熟練を要することがないので労働力を安価におさえる(職人の技術料がいらない)ことができることがあげられます。ただし、熟練した手回しの陶工は、形や大きさをそろえることは容易にできることと、一個体あたりの成形に要する時間は手回しも機械ロクロもさほどかわらないことから、石膏型機械ロクロ導入の大きな目的は労働力を安価におさえることにしぼられていたとみられます。このようにしてみてみると、汽車土瓶生産の機械化は、意外と遅かったように思えます。とりわけ、この時点で石膏型機械ロクロを導入したのは村瀬汽車土瓶工場だけだった可能性すらあるのです。出土（採集）資料からみると、マルヨシ（小原由右衛門さん）をはじめとしたほかの窯元は依然として手回しロクロ成形による生産をつづけていたようなのです。これは、神山をはじめとした信楽にはたくさんいたロクロ師の賃金が安かったことと、彼らの製作量で充分に需要をまかなえたことによるものと考えられます。

四．昭和一五年頃の村瀬汽車土瓶工場

汽車土瓶の生みの親である村瀬家は、現在も窯業をつづけておられます。さすがに汽車土瓶ばかりをつくっているわけではないですが、注文があれば、今でも当時の石膏型を使って製作されています。

神山西側にある現在の工房は、昭和一五年に谷向かいの神山城山から移った際につくられたものを、基本的にそのまま使っておられます。そこで、村瀬一彦さんにお話をうかがいながら、当時の様子を復元してみました。

①道に面して、原土置き場があります。原土は山から掘り出されてからここにストックされます。
②西隣に製土場があります。製土場にはミルが設置されており、原土はここで粉砕され、陶土になっていきます。
できあがった陶土はここにストックされました。なお、製土は専門の職人さんお願いしていたようです。
③敷地の中央に成形作業をおこなう工房があります。谷側に面した明るい壁際に、東辺八基、南辺六基の計一四基の石膏型機械ロクロが設置されています。すなわち一四人の職人さんが同時に働くことができたということになります。
なお、南側の壁際に設けられている六基の石膏型機械ロクロは、当初から設けられている扉をふさぐように設置されていることから、工場設立のころにはなかったかもしれません。また、注口などをつくったり、吊手の穴をあけたりする作業場は西側に設けられました。
④中央には棚がならべられていました。成形の終わった製品は、中央の棚にならべられて半乾燥され、注口などの接合作業をおこないます。
⑤前庭には、コンクリートブロックと鉄棒でつくられた棚が設けられています。釉掛けが

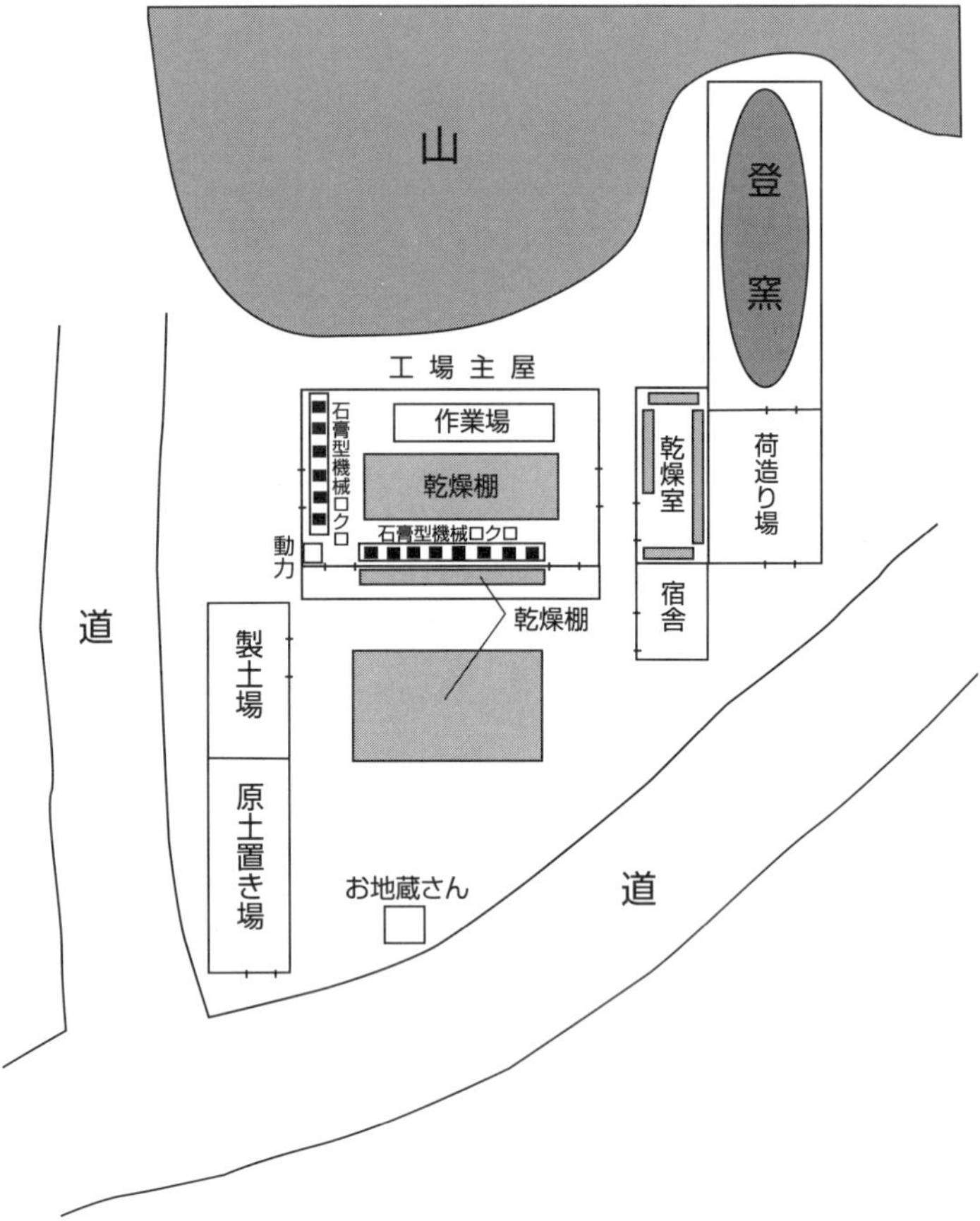

昭和30年頃の村瀬汽車土瓶工場（復元図）

終わった製品は、前庭の棚で乾燥されます。もしも雨が降ったりしたら、東側の庇《ひさし》で乾燥させたそうです。

なお、東側の庇は、建築当初から製品を仮置きする棚を設置するために、二間分せり出していたことがわかります。

⑥成形作業場の北側に物置があります。作業場の乾燥までの工程が終了すると、物置で窯焚きをまちます。素焼きはしません。

⑦窯は、敷地の北側に山の斜面を利用しつつ設けられていました。一ヶ月に一回のペースで窯焚きをしたようです。窯は現在撤去されていますが、登窯で一三室あったそうです。一回に三万個の汽車土瓶をつめたようです。

灰の被りやすい火前は、直径五〇センチくらいの大型のサヤに入れて焼かれたのですが、それ以外は直接重ね焼きをしていました。歩留まりはそんなによくなかったと記憶されています。薪があたって、製品の山がくずれてしまったこともしばしばあったそうです。

窯詰めと窯焚きは専門の職人さんにお願いしていたようです。

⑧登窯にかかる屋根のいきつくさきは荷造り室です。窯焚きが終わると、道に面した荷造り室に製品が持ち込まれます。吊手をつけたり、リンゴ箱につめたりという荷造りがまっているのです。

荷造りの終わった製品は、車につみこまれて京滋の萩乃家さんへ運ばれていったのです。
⑨荷造り室の東隣には、宿舎があります。住み込みの職人さんが寝起きする宿舎になっています。かつて、信楽学園の卒園生も、ここで寝起きして働いていたそうです。
このような工場が、昭和一五年につくられ、たくさんの汽車土瓶をつくりだされたのです。製土から出荷まで一連の流れで無理なく作業をおこなうことのできるレイアウトになっており、作業の多くは電化され、当時としては近代的な工場であったことがうかがわれます。

五.「お茶は静岡　山は富士」

(一) お茶は静岡・山は富士

大正一〇年に「お茶は静岡・山は富士」という標語が選定されました。信楽では、昭和初年頃にこの標語を両面に書き、富士山のイラストを入れた汽車土瓶がつくられるようになったと考えられています。

泥漿鋳込成形の茶瓶形が大半を占める状況において、伝統的な手回しロクロで成形し、イラストあり文字ありという手の込んだ汽車土瓶をつくりだしていたのです。先のコラムでもふれていますが、静岡駅の東海軒さんは、茶どころだけあってか、茶の販売にかけては並々ならぬ情熱を感じます。

そののち、戦争中には、三人前入りの大型土瓶をつくったり、土瓶の値上がりを防ぐために、人手をはぶいて釉薬を掛けない粗雑なものをつくったりしたそうです。窯跡から出土（採集）した資料の中には、小原さんのお話のとおり、大きめの土瓶や釉薬を掛けないものがみられます。

（二）　静岡茶の宣伝歌

静岡駅の東海軒さんにたくさんの汽車土瓶を卸していた小原由右衛門さんの手紙から当時の様子をみてみることにしましょう。

小原さんは、土瓶に書き入れる文字のほかに、宣伝歌をつくって印刷し、弁当につけて配布したらどうかと静岡駅長の田辺さんにお願いしたことがあったそうです。小原さん作の数え歌は一〇番目まであったそうなのですが、その五番目までを紹介しましょう。

一、いちいち数えるまでもなくお茶は静岡日本一
二、日本で名高いお茶どころ静岡知らぬ人はない
三、三千世界にその名知られたお茶の国お茶は静岡山は富士
四、四面あたりはお茶の山入るも出づるもお茶ばかり
五、ご記憶なされよ茶を買うに駅を忘れず静岡を

というものであったそうです。商売熱心というか、汽車土瓶にかける熱い思いを感じることができますね。

第五節　ポリエチレン容器と汽車土瓶の終焉—昭和二〇～四〇年頃—

一．戦後の汽車土瓶

（一）　汽車土瓶斜陽の時代

戦後になると、汽車土瓶の生産は、美濃をはじめとする泥漿鋳込成形による汽車茶瓶の大量生産に負けてしまい、マルヨシ（小原由右衛門）さん、藤田製陶さん、そして村瀬汽車土瓶工場さんだけが専門でつくるようになっていました。

それでも、村瀬汽車土瓶工場さんでは、一四、五人が常時働いていたようです。村瀬汽車土瓶工場さんでは、このころになると駅名は書かなかったようですが、マルヨシさんでは、駅名を入れた汽車土瓶をつくっていました。

（二）　左から右、プリントへ

このころの汽車土瓶には、二つの変化がみられます。一つは、横書きの文字が右から左に書かれていたのが、昭和二二年から左から右へと書かれるようになったことをあげることができます。もう一つは、手書きで書かれていた文字が、プリントされたものに変わることをあげることができます。

二．ポリエチレン容器の登場

長きにわたって車窓を飾ってきた汽車土瓶も、昭和三二年頃に登場したポリエチレン製のお茶容器の出現によって、終焉をむかえることを余儀なくされます。ポリエチレン製のお茶容器は、お茶の香りがそこなわれるという欠点をのぞくと、軽量であり売買にあたっての負担が軽減される点、容器が割れない点、原価が安い点、廃棄の際に焼却が可能である点などからとってかわられたのでした。

ちなみに昭和二〇年代のお茶の販売価格が一〇円であった時の土瓶原価は六円台、昭和五一年時点でのお茶の販売価格は三〇円でポリ容器の原価は一〇円でした。ただし、汽車土瓶については、今なお根強い愛好家がいるように、経済性をもってしても容易に転換しなかったのです。

ポリエチレン容器の登場を受けて、汽車土瓶業界も対応策を講じました。窯業試験場に保管されている資料の中に、軽量で平面方形の汽車土瓶の試作品がみられます。このほか、実用化されたかどうかは明らかではありませんが、ポリエチレン容器の様な円筒形のお茶容器の生産も確認できます。

汽車土瓶の消滅年代を列記すると、

昭和三四年―湖城軒（彦根駅）

同　三五年―小川活三郎商店（大垣駅）・萩乃家（京都駅）

同　三七年―やすい軒（清水駅）・壺屋（豊橋駅）

同　三八年―大船軒（大船駅）・自笑亭（浜松駅）・水了軒（大阪駅）

同　三九年―崎陽軒（横浜駅）・鍵屋（岡崎駅）

同　四〇年―富陽軒（富士駅）

同　四一年―井筒屋（米原駅）

同　四二年―桃中軒（沼津駅）

同　四四年―嘉寿美館（岐阜）

同　四五年―常磐軒（品川駅）であったといいます。

三．信楽汽車土瓶の終焉

汽車土瓶の最後の頃の工房の様子をみてみましょう。

(一)　村瀬汽車土瓶工場さんのようす

村瀬汽車土瓶工場さんでは、信楽学園の卒園生が口つくりに二人、身も二人、口と身の接合や吊手の穴あけなどのしあげを二人くらいで作業をされていたそうです。そのほかの釉掛けや荷造りなどはしあげの係の人などがあたっていたようです。つまり、五、六人で作業をおこなっていたことになります。

盛期の四分の一程度の規模で生産がおこなわれているわけですから、生産量はかなり減少していたことが推測できます。最終的には萩乃家さんのみを対象に生産をおこなっていたものの、昭和三五年には生産を停止したようです。

（二）　マルヨシさんのようす

マルヨシさんでは、戦後になると深刻な人手不足に加え、窯焚き用の薪も値上げにつぐ値上げで生産コストがあがってしまい、売値と卸値が同じ二〇円くらいになり採算がとれなくなりはじめました。小原由右衛門さんは、静岡東海軒との商売は何とかつづけたいと考え、家族と対立してまでも納品されていたのですが、ポリエチレン容器の普及に「時代の大浪」にはかなわないと観念し、昭和三八年頃に撤退したようです。

（三）　汽車土瓶の卸値

断片的な史料もしくは伝聞もふくまれますので、はっきりとしたことはいえませんが、汽車土瓶を駅弁業者さんに卸す値段は、おおむね販売価格の半分くらいであったことがわかります。

卸値からうかがう生産コストは、泥漿鋳込成形のものは石膏型機械ロクロ成形のものの五割から七割五分程度であったようです。美濃をはじめとする泥漿鋳込成形の汽車茶瓶にはかなわなかったことがうかがわれます。

第三章　信楽線と信楽窯場

第一節　国鉄信楽線以前の信楽をめぐる交通

現在、信楽では第二名神高速道路の建設がすすめられており、平成一九年度には開通することになっています。信楽をめぐる交通は、新たな展開を迎えたといえるでしょう。

現在の交通は、ルイーズ・アリソン・コートさんが『Shigaraki Potters Valley』で述べられているように、水口の貴生川《きぶかわ》からの飯道山《はんどうさん》沿いを抜ける信楽高原鐵道もしくは大津からの大戸《だいど》川沿いを走るバスによるほかは、南山城もしくは伊賀から自家用車でアクセスするしかありません。

信楽は、畿央地域とも呼ばれるように近畿地方の中では山がちなところに位置することから、やや不便なところであるという印象を受けます。

ただし、これは鉄道や自動車を基準とした見方であって、近代以前においてはさほど不便なところであると感じられていたわけではありませんでした。ここでは、国鉄信楽線以前の信楽をめぐる交通について簡単にみていきましょう。

一．大津へと抜ける道

信楽から大津へと抜ける道が古くからあったかどうかについては史料もなく、明らかではありません。ただし、先に述べたような大津市田上牧《たなかみまき》から信楽黄瀬へと至る大戸川沿いの道は積極的にはもちいられていなかったようです。

というのも、大戸川沿いには金勝山《こんぜやま》をはじめとする山岳信仰の聖地がたくさんみられます。川沿いにも遺跡はあるのですが、どうやらそれらは山岳信仰の聖地へと至るベースキャンプのようなものであると考えられています。つまり、一般の人々が日常的に通るような道ではなかったように思われるのです。

事実、水上勉さんが書かれた『しがらき物語』という小説には、信楽神山の陶工である主人公の弥八をはじめとする登場人物は大津を経由して京都へと往来するのですが、瀬田川沿いの大津市大石へと抜ける道をもちいています。小説の中でのことではありますが、少なくとも物語の設定である昭和一〇年前後の状況を反映しているとみてよいでしょう。

二．南山城へと抜ける道

天平一五年（七四三）、信楽で聖武《しょうむ》天皇が大仏造営の詔《みことのり》が出され、甲賀寺《こうがでら》において大仏が造られはじめたことは滋賀県出身でなければあまり知られていません。しかし、信楽での大仏造営にともなって営まれた宮、紫香楽宮《しがらきのみや》の名前は逆に広く知られているようです。それはさておき、信楽における大仏造営はうまくいかず、大和《やまと》東大寺において引き継がれ、修理を繰り返しながら今日に至っています。

ともあれ、甲賀寺で大仏造営を行う直前に、聖武天皇は平城京を出て現在の京都府木津川市（旧加茂町）に位置する恭仁宮《くにのみや》に遷っていました。そこから、大仏造営の資材や聖武天皇が往来するための道「恭仁京東北道」が開かれました。いくたびかの行幸の際には、必ずこの道がもちいられていました。

そののち、中世になって信楽焼がつくられはじめると、近江（滋賀県）のみならず、南山城（京都府南部）から大和北端部（奈良県北部）まで販路を広げているのです。これは、恭仁京東北道を踏襲した道で運び出されたとみてまちがいないでしょう。

近世にはいると、信楽焼の輸送にかかわる文書がみられます。先と同様の道で木津川まで運び出し、そこから舟をもちいて京都や大坂へと持ち込まれたことがわかっています。この時代には極めて重要な道であったといえます。

三．伊賀へと抜ける道

信楽から伊賀へと抜ける道としては、五位《ごい》ノ木《き》峠や御斎《おとぎ》峠を越える道などがあります。中でも天正一〇年（一五八二）の本能寺の変の際に徳川家康が服部半蔵に伴われ堺から三河へと逃げ帰った「神君《しんくん》伊賀越え」の道があまりにも有名です。

伊賀と信楽は一六世紀末から一七世紀前半にかけての時期を除くと、共通する技術をもちいて非常に似通った形の製品をつくっています。このことから、これらの峠を越えて陶工の交流があったものとみられます。

四．甲賀へ抜ける道

現在の信楽高原鐵道が走る飯道山沿いを抜ける道は、意外と古くから開かれていたようです。正史である『続日本紀《しょくにほんぎ》』では、聖武天皇が天平一七年（七四五）に信楽での大仏造営をあきらめて平城京へ還るやいなや無人の荒野になり果てたような記述がみられます。しかし、同時代の史料（正倉院文書）をみてみると、甲賀寺は近江国分寺になったようですし、貴族たちの邸宅はそのまま残されていたようなのです。

天平宝字五年（七六一）に石山寺の造営が大規模化すると、信楽にあった藤原豊成という貴族の邸宅などが石山寺でもちいられるために運びだされることになりました。今日的には大戸川沿いの県道を利用するのが最短距離であると思われるのですが、全く異なるルートがとられていたのです。それが、甲賀へと抜ける山越えの道だったのです。

信楽で解体された豊成の邸宅などは「矢川津」（現在の甲賀市甲南町矢川）まで持ち運ばれ、そこから杣《そま》川、野洲川から琵琶湖に出て、石山寺へと持ち込まれたのでした。つまり、かなり大回りではありますが水上移送されたのです。

その後、戦国時代にはいると、甲賀武士達が信楽を舞台に戦乱を繰り広げることもありましたが、位置関係からみるとおそらくは飯道山沿いを通って信楽へと攻め込んできたものとみられます。

また、近代になってから、明治二三年に草津線深川駅（現在の甲南駅）、三三年に近江鉄道本線との乗換駅として貴生川駅（両駅ともに明治四〇年に国鉄草津線に）が設けられると、信楽でつくられたやきものの大量輸送はもっぱら鉄道に依存することになりました。ですから杣川沿いの駅までは小野峠（コノ坂）を経由して牛車または馬車によって製品が持ち出されたのです。

毎日使う牛を疲れさせないようにと、下り坂でブレーキをかける時以外は、人が車に乗ることはなかったようです。帰りは信楽への荷物を載せてくるのですが、もどりの荷は早い順なので、遅く行くと分のいい荷がもらえなかったそうです。ですから、朝は早く、暗がりに提灯を下げて出発したのだといいます。運賃は普通の日雇いの三人分をもら

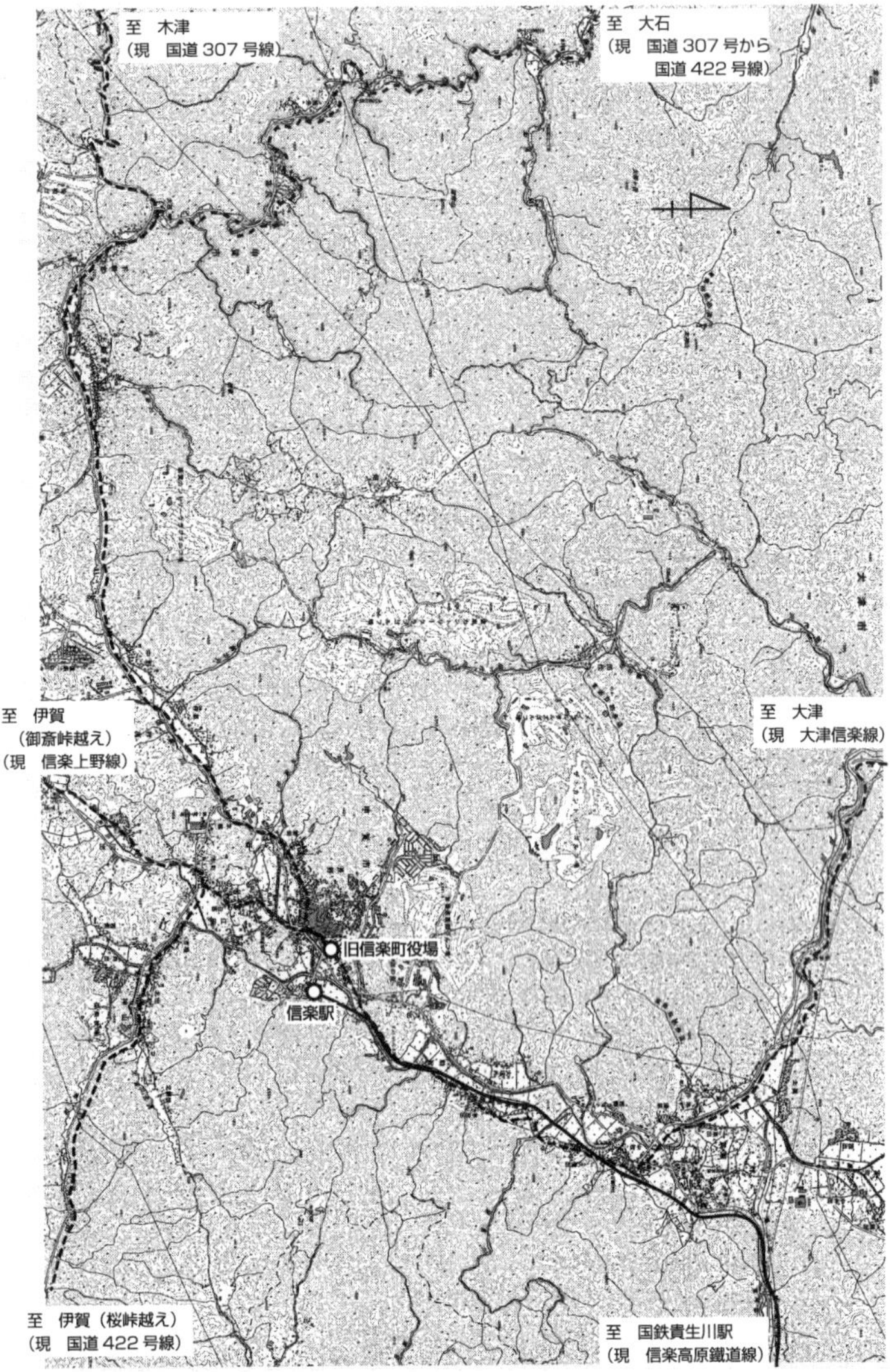
至　木津
（現　国道 307 号線）
至　大石
（現　国道 307 号から
国道 422 号線）
至　伊賀
（御斎峠越え）
（現　信楽上野線）
至　大津
（現　大津信楽線）
旧信楽町役場
信楽駅
至　伊賀（桜峠越え）
（現　国道 422 号線）
至　国鉄貴生川駅
（現　信楽高原鐵道線）

信楽をめぐる交通路

い、その一人分をエサ代にしたのだそうです（富増一九八〇）。

当時の貴生川駅は、道の両側にずっと信楽の火鉢《ひばち》などが山と積まれ、信楽焼の港と化していたといいます。しかし、国鉄信楽線が開通してからというもの、牛車・馬車を職とした信楽の人百人ほど、貴生川・深川の人百数十人ほどの人たちは、瞬く間に職を失ったそうです。

なお、信楽まで鉄道が延伸される以前の大正四年頃には、信楽から深川まで、なんとケーブル（索道）で谷越えしていたそうです。ただし、製品が落下するなどの事故が相次いだことから二年ほどで廃止されたといいます。

第二節　国鉄信楽線と信楽焼

一．草津線開通

明治二二年一二月一五日午前七時五分、甲賀における鉄道の歴史はこの時に始まりました。念願の草津線一番列車が歓声とともに草津駅を発ち三雲《みくも》へ向かって走り出したのです。近世においては江戸と京とを結ぶ幹線道路である東海道とともに栄えてきた水口など甲賀地域の人々にとっては、大きな達成感と期待を乗せた一番列車だったのです。

これをさかのぼること七年前、東京と京都・大阪を結ぶ鉄道路線は愛知県から岐阜を経て関ヶ原を越える、いわゆる中山道ルートで敷設されることが確定的になり、以来、その対抗心から東海道ルートにおいても鉄道敷設を求める声が高まっていました。しかし、採算を不安視する声や鈴鹿・伊賀越えという難所の存在、さらには当時の井上勝鉄道局長の策略、湖東地域の資産家との駆け引き、ライバルとなる私設大阪鉄道会社の設立など、その現実にはドラマさながらの困難が存在し、決して平坦な道のりではありませんでした。

しかし、鉄道敷設への願望は強い団結を生みだし、明治二一年には関西《かんせい》鉄道会社が設立されました。これと同時に工事も急ピッチで進められ、念願の草津―三雲間の部分開通の日を迎えたのです。翌年二月には上柘植《かみつげ》まで、同年一二月には三重県四日市までと鉄路は順調に延伸し、現在の草津線と関西線（東線）の骨格が完成するに至っています。

さて、この開業にともなって草津駅は官営鉄道と私鉄である関西鉄道との相互連絡の役割を担うようになりました。そこでは連絡切符が発売され、あるいは神戸―馬場（膳所）間の優等列車が草津まで延長運転されたことや接続ダイヤの設定など、接続駅としてのサービス向上の措置が講じられました。これらは、当時の鉄道とすれば画期的なサービスであったと言われています。江戸時代、中山道と東海道の分岐宿として栄えた草津宿の面目躍如と言えるサービス向上で、東海道地域からの鉄道にかける熱い期待が、こうしたサービス向上に結びついていったのです。

その結果、切符や列車運行にとどまらず、駅構内の各種のサービスについても多くの工夫が図られるようになりました。その一つが駅弁の販売であり、それに引き続き遅くとも明治二六年頃までには、駅弁とセットになるお茶の販売が開始されたのでした。もちろんそこでは信楽で焼かれた「汽車土瓶」が使用されたのです。信楽における「汽車土瓶」の開発は、駅で弁当を売るという単純な商売の発想から生み出されたものではなく、地元の熱心な鉄道敷設活動とその後のサービス充実戦略の中で考案されたアイテムであったと言うべきでしょう。小さな汽車土瓶の中には、鉄路に寄せる地元の熱い期待が満たされていたのです。当時の具体的な記録は残ってはいませんが、信楽焼の歴史にとって草津線の開通は大きな意味を持っていました。信楽は都市に近接する良質な陶器生産地帯でありながら、地理的に販路が限られることが大きな弱点でした。大量の重い陶器を険しい陸路で運ばざるを得ず、販路拡大には大きな限界がありました。草津線の開業は、そうした信楽焼にとって販路を拡大する大きなチャンスであったことは言うまでもありません。その期待が、汽車土瓶を生み出す母体であったのです。

しかし、草津線のみでは、まだ信楽焼の窯場から直接鉄道へ積み出すことはできず、陸路を貴生川まで運ぶ必要がありました。それは「七曲り」と通称される険しい峠道であり、その苦労を解決するには、信楽への鉄道乗り入れ、信楽線の開通を待たねばなりませんでした。

二．信楽線の目指したもの

ところで、国鉄信楽線と言えば、年配の方にとっては客車一両と貨車十数両という混合列車を思い出されるに違いありません。国鉄末期頃には多くのローカル線と同様に通学鉄道としてのみ役割りを果たしていましたが、昭和三〇年代半ばまでは、むしろ貨物鉄道としての側面が強かったのです。言うまでもなく、信楽焼を草津線・東海道本線経由で京阪神に運び出す路線だったのです。特に、昭和初期の信楽焼の主力製品であった「火鉢」は、大型品であり、輸送ルートとしての信楽線がなければ、その大量生産は困難であったと言われています。この事実だけでも、信楽線と信楽焼の深い関係は容易に想像でき、信楽線に対する地元信楽の大きな期待を理解することができるでしょう。しかし、信楽線はこうした信楽焼の積み出しのみを目的として敷設された鉄道ではなかったのです。

大正一三年に成立した改正鉄道敷設法によって信楽線の建設が決定されていますが、その別表に掲げられた予定建設路線では、「滋賀県貴生川ヨリ京都府加茂ニ至ル鉄道」と記載されています。すなわち、信楽は単なる通過地点であり、湖東・甲賀地域から京都南部を経て、大阪へ向かう鉄道として計画されていたのです。もちろんその目的の一つには信楽焼の大量輸送の実現が含まれてはいましたが、貴生川経由の輸送ではなく、京都南部から直接大阪へ運び出すことを意図していました。

そもそも、信楽・甲賀という土地は近江南部から京都へと通じる地域というよりも、直接京都南部から大阪へ通じる地域でした。例えば、江戸時代からの信楽焼の重要な製品の一つに「茶壺」があります。天下の茶所である宇治に近接する信楽では、茶葉を入れるための茶壺を大量に生産してきたのです。そして、この茶壺は陸路で朝宮《あさみや》、宇治田原《うじたわら》を経て宇治の茶問屋へ運ばれていきました。明治・大正・昭和と茶壺の生産は次第に下火になっていましたが、この茶壺の運び出しルートは草津線開業後も重要な信楽焼輸送路として利用され、商売としての結び付きは深かったのです。信楽の人々にとっても京都加茂への鉄道延伸は、大きな希望であったのです。

しかし、昭和大恐慌によって工事の着工は遅れ、ようやく昭和八年に貴生川から信楽（長野）までの一四・八キロメートルが部分開通を達成しました。当然、当初の予定路線のとおり、未開通の信楽と京都府加茂の間には鉄道省の省営バスが運行され、信楽から約二時間の行程で結んでいたのです。

三．信楽線と信楽焼

部分開通とはいえども、貴生川から信楽を結ぶ鉄道は、昭和初期の信楽焼の発展に大きく寄与していきました。先に見た火鉢の鉄道輸送が開始され、それは京阪神のみならず、鉄路にのって全国に運ばれていきました。信楽焼が全国ブランドへと成長する契機となったのです。しかし、いかんせん経営能力の低いローカル盲腸線でしかなく、第二次世界大戦の激化に伴い、昭和一八年一〇月には鉄道運行休止、代行省営バスの運行の措置を受けています。採算性の高くない鉄道を廃止し、レールなどを戦争供出品とする国策に従ったものですが、採算性が低いとは言え、鉄道の貨物輸送に負うことの大きかった信楽焼にとってこれは大きな打撃でした。

戦争の終結後も、多くの廃止路線では運行の復活を見ないものが多かったのですが、信楽線については貴重な地場産業である信楽焼の輸送路線としての重要性が考慮され、また、地元の強い熱意と全面的な協力の甲斐があって、早くも昭和二二年には鉄道の運行が再開されています。そして、その後約一〇年、「火鉢列車」は信楽線の顔として活躍し、ここに信楽線の最も華やかな時代を迎えることとなりました。

しかし、戦後の生活改善も一段落した昭和三〇年代後半には、火鉢の受容は激減し、信楽焼と信楽線は大きな転機を迎えることとなりました。信楽窯場は、高度成長期の建設ラッシュに対応して、タイルなどの建築資材を手がけることに活路を見いだしました。建築資材という性格から小型品を効率よく輸送する必要が求められ、より小回りの効くトラック輸送への変化が進められたのです。信楽・石山間の道路なども、こうした動向に歩調をあわせて整備され、信楽焼の鉄道輸送の比重は急激に落ちることとなっていったのです。信楽の名物の一つである汽車土瓶の生産が終わるのもこの頃です。思えば、信楽焼の鉄道輸送が開始された頃に汽車土瓶が考案され、信楽焼の鉄道輸送が終わる頃に汽車土瓶もその生産を終えたのです。信楽焼と鉄道・汽車土瓶の浅からぬ因縁が存在するかのようです。

四．信楽高原鐵道へ

いずれにしろ、昭和三〇年代末には国鉄信楽線は大幅な赤字路線となり、昭和五五年の「国鉄再建法」の施行に伴い、昭和五八年までには廃止を協議するための「特定地方交通線対策協議会」を発足させるとの計画が発表されました。

これに対する地元の対策は早く、かつ、効果的でした。「二千人乗って残そう信楽線」のスローガンのもと、信楽線の利用キャンペーンが大々的に繰り広げられたのです。その結果、輸送密度二〇〇〇人を昭和五六年から三年連続クリアーするという実績を上げ、特定地方交通線対策協議会の発足を先延ばしにさせてきました。ところが、国鉄再建管理委員会は昭和五九年には廃止対象路線を輸送密度四〇〇〇人以下に広げるとの方針を決定します。大々的なキャンペーンの結果、三年連続二〇〇〇人達成という驚異的な実績を残したものの、一方的にハードルを高く設定された地元の落胆は強く、一次は鉄道の完全廃止、バスへの転換も考えられました。しかし、鉄道を必要とする声は根強く、結局、滋賀県四九%、信楽町二五%、水口町五%、近江鉄道一二％を主要な出資とした第三セクター信楽高原鐵道として、昭和六二年七月一三日に再スタートすることとなったのです。

現在の信楽高原鐵道では貨物扱いは行っておらず、信楽焼の積み出し鉄道としての性格はもはや見られません。時折発売される陶器切符が、わずかに信楽焼と信楽高原鐵道の関係を思い起こさせる程度となりました。今もなお鉄道の安全性に大きな問題を提起する信楽高原鐵道とＪＲ列車との正面衝突事故という不幸な出来事が、世界陶芸博のさなか信楽焼との関連で発生している事実にも、因縁を感じることができるでしょう。いずれにしろ、今日もなお信楽高原鐵道は陶都信楽を走り続けています。

五．信楽高原鐵道の未来

ところで、滋賀県庁土木交通部の交通政策課では、「びわこ京阪奈（仮称）鉄道」構想が検討されています。大型公共事業の見直し・再検討が大きな流れになっている昨今、「びわこ京阪奈鉄道」とは、ずいぶん唐突なイメージであることは拭えません。

その構想とは近江鉄道と信楽高原鐵道を発展させるとともに、南へ延伸し、京田辺市の関西学研都市に直結させる鉄道敷設計画です。さらにＪＲ学研都市線を経由し大阪にも直結するというのです。全線高架鉄道となった場合、米原・学研都市間が一時間半程度で結ばれ、滋賀県湖東地域が学研都市のアクセス圏に含まれるようになる訳です。さらに、ＪＲ東海道線と新幹線、名神高速道路など、日本の大動脈でもあるこれら交通路は、古来からの交通の要衝である瀬田川や逢坂《おうさか》越え付近では、近接して並行しつつ通過しています。こうした交通路の過密地帯での大きな災害の発生を考え、「びわこ京阪奈鉄道」は重要なバイパス路線としても位置づけられているのです。唐突なイメージを受ける「びわこ京阪奈鉄道」ではありますが、計画を見てみれば、なかなか有効性の高い鉄道と言えそうです。そして、言うまでもなく、この構想は大正一三年に成立した改正鉄道敷設法にみられる「滋賀県貴生川ヨリ京都府加茂ニ至ル鉄道」にほかならないのです。

幾度となく廃線の危機を乗り越えてきた国鉄信楽線・信楽高原鐵道は、したたかに存続してきたのみならず、当初に計画された姿を完成させることを決してあきらめていなかったのです。

信楽焼という独特の地場産業を持ち、かつ、滋賀から京都南部、奈良、大阪へ通じる交通の拠点ともなり得る信楽地域のなせる技といえます。第二名神高速道路の開通を直前にし、信楽高原鐵道がどのように変化するのか、ますます目が離せなくなってきたのです。

第四章　汽車土瓶をつくる子どもたち　信楽学園

信楽寮・信楽学園の障害をもった子どもたちが、かつて汽車土瓶をつくっていたことがありました。当時のことについて少しみてみることにしましょう。

第一節　信楽学園のはじまり

一．知的障害者の治療教育

日本における知的障害者の人たちの治療教育がなされたのは、明治二四年に東京の石井亮一さんによってはじめられた孤女学院（後・滝乃川学園）が最初です。これらの施設は、第二次世界大戦がはじまった昭和一六年になると、一六施設になるのですが、戦時中ということもあり軍による接収や棺桶置き場としての使用、または寄付金が集まらず閉鎖に追い込まれるなどし、敗戦の年の昭和二〇年には半分の八施設になってしまったのでした。

このような中、滋賀県では昭和二一年に糸賀一雄、田村一二《いちじ》、池田太郎さんにより、それまで寄付金により運営されていた施設ではなく、生産教育に力を入れながら税金により運営される公立施設である近江学園が全国に先駆け創設されることとなるのです。この近江学園においては、重度の子どもに対しては落穂《おちほ》寮を発足することにより対処していたのですが、やがて就職の難しい中学を卒業した中・軽度の子どもたちの将来をどう開拓していくかという問題が生じてきました。この問題を解決すべく、信楽に施設を建設し、生産教育を展開しつつ、その施設を足場として信楽の企業の中に就職の形で巣立っていくことが考えられたのです。

二．信楽へ

この時、糸賀さんは、大阪の営林署所有の三郷山《さんごうやま》（信楽から伊賀にまたがる粘土山）で掘り出した粘土を信楽町まで運んで陶器業者に販売しようと考えていたようですが、当時、養豚の失敗と落穂寮の建設により、施設建設の資金のめどが立たない状況だったようです。このような状況の中、戦時中は軍需工場であり、信楽でも屈指の近代的な設備の工場一切を買ってくれないかという話が持ち上がりました。この知的障害をもった児童の将来を生産的に開拓する新しい試みについて、厚生省・県当局等との真剣な協議の結果、二六年度に県営事業として採用されることとなったのでした。

昭和二六年八月、滋賀県甲賀郡信楽町大字神山の国富産業有限会社の土地・建物を県が買収しました。国から支出された経費の都合、買収された工場には、身体障害者更正指導所と精神薄弱児施設（注・「精神薄弱」という言葉は現在使用されていません）としての信楽寮が併設されることとなりました。同年一〇月からの半年間は準備期間として国富産業有限会社の職員が臨時職員ということで学園に移り、園長は窯業試験場の方が兼任されていたそうです。

第二節　信楽寮の開所とやきものづくり

一．生産教育としてのやきものづくり

(一)　信楽寮開所

昭和二七年二月一日、県立信楽身体障害者更正指導所についての大半の竣工がなり、近江学園長の推薦を受けた池田太郎さんを責任者とし、児童指導員夫妻がともにむかえ入れられ、同年四月二五日開所式がおこなわれました。

この滋賀県立信楽身体障害者更正指導所・滋賀県立信楽寮の目的は、「自立更正の意欲に燃える身体障害者や独立自活にとぼしい精神薄弱者に対し、滋賀県の重要な産業の一つであり全国に周知されている信楽焼を通じ、その更正援護ならびに福祉の設置を講ずるため」とされ、定員は身体障害者四〇名（うち二〇名は寄宿可能）、身体障害者については、原則として身体障害

者福祉法による身体障害者手帳を受けたもので社会更正をはかろうとする一八歳以上の義務教育を終了したもの（一八歳未満のものでも新制中学校程度の入所希望者は応ずる）、知的障害をもった児童は原則として近江学園で義務教育を終えたものとされました。

この年、近江学園「白樺組」の二〇名が信楽寮に入園し生活がはじまったわけですが、規則に従いながらも彼らの自治と自由な創造性活動が尊重され、生徒自身の手により自治会も運営されていきました。

(二)　生産教育としての窯業

生産教育として窯業が選ばれた理由としては、以下の五項目にまとめられています。

一．信楽の窯業が県の重要な産業であるということ
二．粘土を扱うこと自体が興味を起こさせる作業であること
三．協力が必要な一貫作業であるということ
四．簡単なものから複雑なものまでいろいろな作業工程がふくまれ、各々の力量に応じた作業を設定しやすいということ
五．粘土を扱うことが運動機能訓練に効果が多いこと

こういったことから、汽車土瓶・茶碗・そば皿・花瓶・水盤・火鉢・灰皿等が生産されたのでした。

日課は、起床六時、作業開始八時で、昼食・休憩をはさんで一六時三〇分まで作業をおこない、夕食後は入浴・講座（窯業に関すること、時事問題そのほかの常識に関することなど）がおこなわれ、消灯は二一時三〇分でした。

（三）信楽寮の問題

しかし、当初は、以下の理由によってうまくいかなかったようです。

一．指導員がもと工場の職人ということで、指導経験がないこと。また、滋賀県が国富産業を買い取った時に県職員の身分を約束していたにもかかわらず、たしかな書類がないということで無効にし、それに対し指導員がストライキを起こした。

二．施設ができる時に地元で強い反対があった。

三．単なる障害者の収容施設ではなく、商売をして月々当時の金額で二五万円ずつ、生産物の売上金を県に納入しなければならなかった。

四．身体障害者の施設に精神薄弱児施設が併設されていて、入所者に職業訓練をしなければならなかった。

五．そこで働いている一二名の職人の賃金は、窯を焼いて生み出される製品の収益によってまかなうことになっていた。

このような問題などにより、開所当初はかなり大変だったようです。しかし、仕事場の環境改善による生徒の意識向上、地域住民に対しては、池田氏や職員の親戚縁者等が話をして理解をもとめ、また水害がおきた時は、生徒たちが積極的に復旧活動に参加するなどし、地域の住民と交流を深めることにより打ち解けていくこととなり、県への納入や職人たちへの給料も、業者との摩擦がおきない対策や、製品の販売に奔走することによって徐々にではあるものの毎月ほぼおさめられるような売上をあげるまでになりました。また、五番目にあげた指導員の賃金については、生産教育の根幹にかかわる問題であったことから県の予算で払ってくれるように毎年県と交渉していたのですが、それが実現するには一〇年の月日を待たなくてはなりませんでした。

二．つくりだされた汽車土瓶

これらの努力の結果、昭和二七年度の生産高は一七万四一三三個・八六万三五二九円の売上でした。汽車土瓶・井皿・コンロのスは、仲買業者の要求に応じられないほどの注文（業者は月三〇〇〇個の注文）があったそうです。

このころ、汽車土瓶だけの製造を知的障害をもつ児童のみによっておこなう特異工場が設置されるようになりました。

昭和二八年になると、生産高は月産、汽車土瓶三万個、火鉢七〇〇個、火器二〇〇個に増え、前年度を上回りました。

この年の一一月三〇日、それまで就職する条件として、

一．集団就職（なるべく指導者つき）

二．信楽での生活指導下における勤務

三．授産場を設ける

といった三つのありかたが考えられていたのですが、はじめての卒寮生が近江八幡にある松井製瓦《せいが》工場へ身障者と共に指導者つきの集団就職をし、社会への第一歩をふみだしたのでした。

昭和二九年二月には、信楽神山の村瀬丈太郎宅（村瀬汽車土瓶工場さん）に集団就職をしました。この年は、汽車土瓶の売上は順調にのび月産五〇〇〇個に達していました。また、この年の六月一五日には高松宮さまにも作業内容をみていただく機会をもつことができました。

創立以来の実績を通して、粘土による作業はほとんどの生徒が適応し、主力製品の汽車土瓶は、萩乃家さんの駅弁販売を通して関西の主要な駅で販売され、毎月二万〜三万個の注文をえることになりました。ほかには米原駅の井筒屋さんにも多量に卸していました。

昭和三一年三月一日には寮独自の新しい作業場として厚生省のモデル工場が完成し、汽車土瓶の一貫作業ができるように石炭窯一基も完成しました（第一工場）。

昭和三三年四月になると、石油ストーブの普及により、信楽陶器業界の主力商品であった火

鉢が売れなくなりました。信楽寮においても同様であり、火鉢が滞貨し、職業指導に要する事業費を県におさめられない事態におちいってしまったのです。

しかし、翌二月一三日に近江化学の奥田工場長さんが来寮され、植木鉢の生産を大々的に頼みたいとの話があり、火鉢から植木鉢の生産へという業界の展開にのり遅れることなく移行することができました。

第三節　信楽学園のやきものづくり

一．信楽学園へ

（一）泥漿鋳込成形の汽車茶瓶づくり

昭和三五年四月一日からは知的障害をもった児童のみの経営となり、名称も信楽寮から信楽学園と改名されることとなりました。

信楽学園の児童定員数は四〇名、対象年齢は中学一年生から満一八歳まで、職員一六名により新たに発足したのです。この際長い間創立当初から定数職員として待遇されていなかった数名の職員が、一〇年目にして、ようやく定数内に繰り入れられたのでした。

職業教育は汽車土瓶の生産を主体とし、瀬戸の汽車土瓶業者である光陽陶器さんの指導を受け、六月から汽車土瓶の成形を石膏型機械ロクロから泥漿鋳込に切り替え、形も土瓶型から茶瓶型に転換しました。

しかし、うまくいかなかったことから、窯業試験場に調査をもとめ、改良をこころみることになりました。その結果、九七%の良品ができるようになったのでした。また、そば用のどんぶりも順調に生産をのばしていきました。

昭和三六年になると、神戸市の井上タイル株式会社に八名の集団就職と、関西ステンレス会社にも就職が決まり、東西二つの集団就職が開拓されました。

この年の六月三日には、アメリカのシアトルの日系人から盆踊りのお茶の接待用に五〇〇〇個の注文がはいりました。このことは、朝日新聞紙上に「汽車土瓶海を渡る」と大きな見出しがついて掲載されたのでした。汽車土瓶・茶瓶が当時の世の中でどのように認知されていたかをうかがう資料として重要なものとなっています。

昭和三七年九月四日には、毎日放送の日本の鉄道一〇〇周年記念番組で「汽車土瓶を作る子ら」が放映され大きな反響があり、多くの手紙がとどきました。これらのことからもわかるように、学園の運営は軌道にのっており、生産も汽車土瓶を中心に大量生産されていたことがうかがえます。

（二）　汽車茶瓶生産の終焉

しかし、昭和三八年になると一つの転機が訪れます。このころ、すでに主力製品として生産されていた汽車土瓶が、ポリエチレン容器におされ気味になってきたのです。一方で、この汽車土瓶に匹敵する大衆消費財としてそば用のどんぶりの需要が高まってきました。

昭和四一年一月には、米原駅の井筒屋さんから立ち食いそば用のどんぶりの注文が年間五万個あり、以後五〇年代まで納品することになりました。

昭和四二年なると、汽車茶瓶とそば用どんぶりの二つが主として生産されていました。しかしこの年の六月になると、どうやら汽車茶瓶が売れなくなってきたので、そば用どんぶりだけを主力製品として生産していくこととなりました。

なお、米原の井筒屋さんには、平成三年から年間一万個程度のぐい飲みをおさめています。

第四節　汽車土瓶をつくった子どもたち

昭和二七年に開所された信楽寮のころから信楽学園にいたるまで、さまざまな問題をかかえながらも、多くの人たちの理解と努力により、生徒のための学園づくりがなされていたことがわかります。とくに、開所当時は知的障害児・者を援護する法律のない時代であり、そのようななか、地域住民・行政の理解をあおぎながら生徒たちに生産技術を習得させ、社会における位置づけを確立していくことは大変なことであったでしょう。

開所当時から生産指導としておこなわれていた〝土にふれる〟やきものづくりについては、あらためて注目したいと思います。信楽寮・信楽学園で生み出されたのは、汽車土瓶・茶瓶をはじめとするやきものだけではなく、知的障害児・者がたくましく生きていく自信と実績でもあったのです。

汽車土瓶の歴史の中で、こういったひとこまがあったことも、記憶にとどめておきたいと思います。

第五章　汽車土瓶生産の裏方としての窯業試験場

信楽には汽車土瓶ともかかわりのある窯業技術試験場があります。窯業技術の開発がおこなわれているほかに、汽車土瓶をはじめとした数多くの信楽焼関係の資料が展示されていることでも知られています。展示ケースは少し素っ気ないのですが、ケースの中にならべられている〝本物〟の迫力を十二分に感じることができます。

第一節　窯業技術試験場とは…

一・模範工場の設立

明治二八年に信楽では同業組合が設立されました。三五年には組織改革、三六年には組合の経営する模範工場を設立、三七年には長野二本丸に陶土粉砕《ふんさい》工場を新設し、組合員の需要にこたえていました。

模範工場は、甲賀郡役所や滋賀県庁の口添えもあって、信楽焼の質的向上をはかるためと業者指導および研究機関としての機能をもたせることを目的に設立されました。初代場長には、石川県九谷《くたに》の村田甚太郎さんを招き、精巧な染付や上絵付の花瓶や食器、石膏型を使った床置き類が生産されました。基本的には九谷焼の範疇を越えなかったといいますが、良品もあったようです。また、火鉢や植木鉢なども生産されたのですが、あまりにも技巧に走り過ぎたことから、信楽の業者の製品とかけ離れ過ぎており、残念ながら地元には影響力や指導力をあまりもたなかったのが実状でした。

明治三八年に村田場長は帰郷し、京都から遠藤平橘《へいきつ》さんが二代目場長として赴任しました。小物の生産には力を入れたのですが、大物の生産は職人任せでした。業者指導には、いまだ距離があったものの、少しずつながら製品の新機軸が打ち立てられていったといいます。

二．地元に根ざした活動

明治四二年には地元出身の奥田三代吉さんが三代目場長となりました。従来の小物主体から大物主体へと転換していき、火鉢そのほかの大物の改善に尽力されたのでした。

大正三年には、信楽に水力発電所ができ、諸々の施設の機械化がすすめられました。そののち、インク瓶などの開発にあたっては一般業者へも普及・宣伝するなど、地元に根ざした活動がみられるようになりました。

大正末年頃に、同業組合が主となって県立窯業試験場設置の気運が高まってきました。しかし、地元から応分の寄付を求めたためにその捻出《ねんしゅつ》方法が問題となりました。結局、当時の模範工場のすべての施設を、新設された信楽製陶株式会社に譲渡することとなり、模範工場は経営を停止したのでした。

昭和三年五月に滋賀県信楽窯業試験場が誕生し、現在は窯業技術試験場となりましたが、変わらず窯業技術の開発と普及につとめられております。

第二節　汽車土瓶復活とのかかわり

一．汽車土瓶復活への支援

ガラス茶瓶の登場から、しばらくの間信楽では汽車土瓶がつくられず、昭和五年にようやく復活したことが新聞記事からうかがわれことは先に述べました。その際には窯業試験場の技術援助がありました。

『昭和五年度滋賀県立窯業試験場業務功程第四号』によると、「汽車売土瓶ノ製造者ハ失業以来スデニ十数年」になり、「窮状誠ニ甚シキモノ」であったといいます。そこで、「形状ニ一大改良」をくわえて、手ロクロから「鋳込法」つまり泥漿鋳込みの成形方法の講習・講話を開き、実地指導をおこなったというのです。新しい技術の普及につとめた窯業試験場の姿がここにあります。

この時点で、山陽線や関西線等の各駅に販売がはじまっており、すでに一ヶ月に七万個の産額があったようです。信楽汽車土瓶がようやく息を吹き返した時に、新しい技術で巻き返しを後押ししようとしたのでしょう。

二．最先端の技術と現実

ただし、窯業試験場で講習されたのは「鋳込法」であったのですが、実際に汽車土瓶生産に導入されたのは、石膏型機械ロクロだったのです。当時、火鉢の成形などに積極的に導入されていた石膏型機械ロクロには移行しやすかったのかもしれません。とはいえ、先にも述べたように、戦前に石膏型機械ロクロを導入したのは、村瀬さんだけだったかもしれないのです。しかも、本格的導入にあたっては、信楽で導入がはじまってからさらに三ヶ年の月日をまたなければならなかったのです。あらたなシステムを導入するにあたっては、相応の資本力が必要だったことと思われるので、おいそれとは導入できなかったのでしょうか。

さらに留意しておかなければならないのが、石膏型機械ロクロそのものが、成形にかかる賃金をより安価におさえることができることに特徴があり、生産効率そのものをあげるものではなかった点があげられます。それと比較すると、当時の瀬戸や美濃では大規模な工房を構えて、泥漿鋳込成形による茶瓶を安価な労働力で、より大量の製品をつくりだし、登窯よりも失敗が少なく歩留まりのよい石炭窯で焼成されていたのです。長期的視野に立った場合、信楽での試みは、かならずしも最善の結論を導き出したわけではなかったといえるでしょう。

第三節　幻の満鉄汽車茶瓶

窯業試験場には、緑色の釉薬を使って、二頭の獅子が向かい合うレリーフの施された円形の台に、土瓶がのっているという独創的な形をした茶瓶が残されています。円形の台には「満鉄」、つまり南満州鉄道株式会社と刻まれているのです。これはいったい何でしょうか。まさに謎の汽車茶瓶です。

事情をうかがってみると、くわしくはわからないものの窯業試験場で試作されたものだろうということでした。ちなみに満州鉄道では、日本と同じように駅弁とともにお茶が販売されていたことがわかっています。今のところ、お茶は愛知県の製陶所でつくられた茶瓶が用いられていたことを確認しています。

まずは、満州鉄道について、ついで信楽と満州とのかかわりについてみてみることによって、謎の糸口を探ることとしましょう。

一・南満州鉄道会社、通称「満鉄」について

（一）満鉄のはじまり

南満州鉄道会社とは、日露戦争後から第二次世界大戦の終了まで、日本が中国東北（満州）を侵略、支配する上で中心的役割をはたした半官半民の巨大国策会社です。

一九世紀後半にシベリア経営を積極化させたロシアは明治二四年にシベリア鉄道を起工するとともに、明治二九年にそれに接続して中国領土内を通過する路線の施設・所有権を清朝政府から獲得します。明治三〇年になると、この鉄道権利は、ロシアが遼東《りゃおとん》半島の租借権をえたことから、さらにハルビンから遼東半島まで拡張され、東清（東支）鉄道の名称で建設されたのでした。

日露戦争の講和条約（ポーツマス条約、明治三八年九月調印）によりこの東清鉄道南部支線の長春から旅順口までとその支線、および付属の撫順《ぶじゅん》・煙台《いえんたい》炭鉱などが日本に譲渡されました。同年一二月の日清満州善後条約（満州に関する日清条約）では、ポーツマス条約内容にくわえて、戦時に急造した安奉線（安東—奉天［瀋陽］間）の改築・経営、中国側による鉄道並行線・支線の建設禁止などの新たな権利を認めさせることとなったのです。

（二）満鉄の広がり

こうして獲得された鉄道は、帝国主義諸列強国や中国との国際関係を考慮し、一般の植民地のように国家機関が直接運営するのではなく、イギリスの東インド会社をまねた会社形態をとることとなり、明治三九年六月八日、勅令として南満州鉄道株式会社の件が公布され、同年一一月二六日創設、翌四〇年四月一日に営業を開始することとなりました。本社は当初東京でしたが、間もなく大連に移転され、初代総裁には台湾総督府民政長官であった後藤新平が就任しています。

大正四年に日本は中国政府に対する二一箇条の要求により、南満州鉄道・安奉鉄道の権利を九九ヶ年に延長させる権利を強引に承諾させています。この間、鉄道の路線網はさほどのびていませんが、既設線の改良で輸送力が強化され、大豆と石炭を主要貨物として鉄道収益は予想以上の好成績をあげ、不採算部門への再投資で事業多角化をささえています。このことにより、中国東北農村を世界市場と直結させ大豆生産に特化した植民地経済構造が定着することとなるのでした。また、鉄道付属地には関東都督府指揮下の独立守備隊が配備され、満鉄の公共投資のもとで日本人居留民が増加していったのです。

（三）　巨大化する満鉄

第一次世界大戦から昭和初期にかけて、撫順炭鉱・鞍馬山製鉄所を拠点に、資源・重化学工業部門を中心とする経営多角化がすすみ投資規模が拡大しています。これにともない、路線網の拡大を目的に借款鉄道の建設が試みられました。しかし、民族的抵抗、中国国民革命の進展により東北の張作霖《ちょうさくりん》軍閥も親日的色彩を弱め、反日的政策が目立ちはじめたのです。さらに、昭和三年六月の関東軍による彼の爆殺により、その子の張学良《がくりょう》の反日策はより顕著になり、満州並行鉄道の建設がすすめられることとなりました。さらに世界恐慌の影響を受け、昭和五、六年になると満鉄の収益は悪化し、日本の中国東北における権益全体の危機とする認識が広まりました。このことはのちに、満鉄線路の爆破工作をきっかけとする満州事変へと発展することとなってしまったのです。また、この満州事変の時、満鉄は軍事輸送の面で重要な役割をはたしました。

（四）満州国と満鉄

昭和七年三月、満州国が成立すると、今度は新国家をささえる不可欠な役割を満鉄ははたすこととなります。中国側鉄道は接収され、満州国線として満鉄の委託経営化に入り、昭和九年には世界水準をほこる特急あじあ号の登場、昭和一〇年には、ソ連経営の東支鉄道も満鉄に売却され、東北の鉄道経営の一元化が成立することとなります。満州国の必要な資金は日本から満鉄経由でもたらされ、鉄道建設や重要な企業の設立にあてられ、満鉄コンツェルンの形成にいたるのです。また、関東軍主導の経済建設方策の立案には、満鉄の調査研究部門が深く関与し、関東軍の満州国支配に大いに貢献しましたが、やがてそれは巨大化し過ぎたため限界に達し、昭和一一年の職制大改革をへて、従来の鉄道・産業・付属地行政・調査の四大業務のうち、産業は撫順炭鉱をのぞき満州重工業開発株式会社に移管され、付属地方行政は治外法権の撤廃にともない満州国に移譲されました。これ以後、鉄道部門では奉天に新設された鉄道総局を中核に、満州国内鉄道の総合的経営のみならず、隣接する北朝鮮・華北の交通事業にも手をのばし、太平洋戦争期には海上輸送の困難化にともなって重要となった大陸鉄道一貫輸送において中心的役割をはたすこととなったのでした。

しかし、昭和一七、一八年の調査部関係者の大量検挙（満州事件）により縮小を余儀なくされます。日本の敗戦後には、

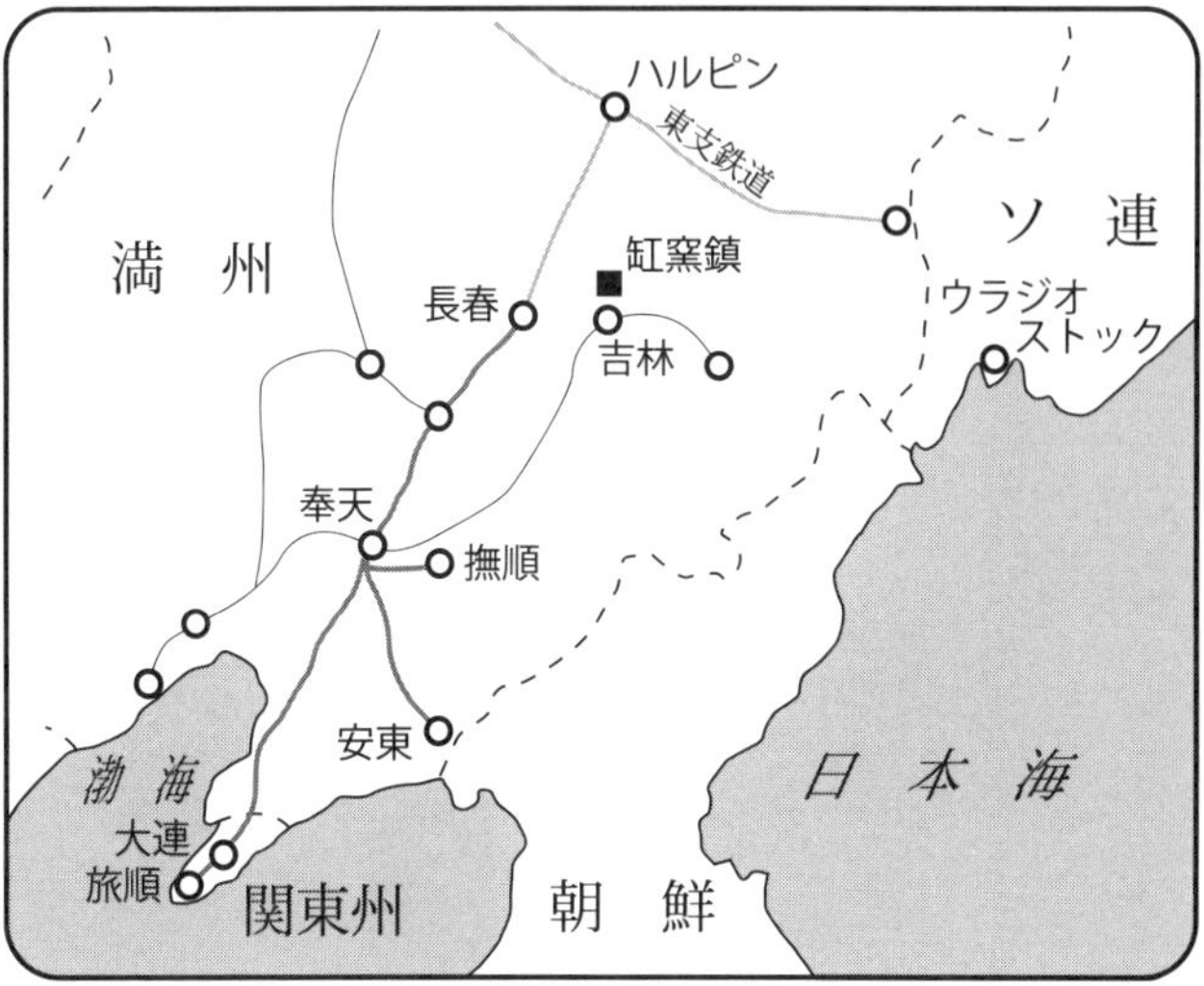

南満州鉄道

ＧＨＱの指令にもとづき満鉄は昭和二〇年九月三〇日に閉鎖となり、鉄道は中国長春鉄路公司に接収されその歴史を閉じることとなりました。

二．信楽と満州とのかかわり

（一）　満州への視察

昭和一四年には、物産物の大陸進出路の開拓と皇軍慰問のために、大津・彦根・長浜の三商工会議所とともに窯業試験場長の高野さんが同行して総勢二九名による共同視察がおこなわれました。この視察団は朝鮮のおもだった都市を二〇日間かけて視察したのち、日本に帰っています。彼らを見送ったのち、信楽窯業試験場の金ヶ江技師さんと信楽陶器同業組合の加藤貞蔵さんは満州国唯一の窯業地である吉林《きつりん》省永吉縣缸窯《かんよう》村の缸窯鎮《ちん》を視察しています。この地で主に生産されていたのは甕《かめ》類であり、ほかには鉢類も生産されていたようでした。

その後、昭和一六年にも同じメンバーで視察が行われ、信楽焼の手法や陶土に酷似していることから、この地に技術者を移住させ缸窯鎮の陶業を近代化した製陶法で指導啓発しようという考えが持ち上がりました。

（二）　信楽と満州の交流

この手はじめとして昭和一八年に、同地の陶器同業組合から田汝豊さん（一九歳）、劉炳文さ

陶業の日満親善
日本からは技術者派遣／満洲から子弟を信樂窯業學校へ
男をあげた信樂町

98. 日満親善の記事

ん（一九歳）、牟宝山さん（一七歳）の三名が三年の間、信楽試験場委託生として勉強のために信楽に派遣され、信楽焼第一課から技術を教授されたことが当時の新聞記事に掲載されています。彼らは将来、指導者になるよう活躍が期待されていました。そして、缸窯鎮窯業が満州甲賀郷の「第二の信楽」へと発展する日がくることが期待されていたのです。

しかし、戦争が終局を迎えると、三人は満州へ帰ることができず、行方知れずとなったといいます。また、昭和一八年に信楽窯業開拓団として希望を胸に信楽から満州へと旅立った人たちを待っていたのは、明るい未来ではなく命がけの逃避行でした。

三．幻の南満州鉄道汽車茶瓶

話を、「満鉄」汽車茶瓶にもどしましょう。

窯業試験場と満州とのかかわりについては、昭和一四年の満州視察や昭和一八年からの満州からの研修生の存在を先にあげました。つまり、「満鉄」汽車茶瓶は、満州視察以降の昭和一四年から二〇年の間に満州からの研修生のかかわりの中でつくりだされた可能性があるのではないでしょうか。

おりしも南満州鉄道は、鉄道部門では奉天に新設された鉄道総局を中核に、満州国内鉄道の総合的経営のみならず、隣接する北朝鮮・華北の交通事業にも手をのばしていく時期でもありました。そこでもちいられる茶瓶の開発が信楽でおこなわれていたのではないでしょうか。ただ、「満鉄」の文字は石膏型に刻まれたものではなく、鋳込みが終わってから刻まれた可能性が高いので、量産されたものの一部ではなく、試作品であった可能性があります。

幻の南満州鉄道汽車茶瓶は、その例のないデザインから人の目をひくものとなっています。この茶瓶は歴史に翻弄《ほんろう》され、記憶の彼方へと追いやられた人々がいたことを雄弁に語りかけるために、特異なデザインをしているのだと思えてなりません。

今後、南満州鉄道汽車茶瓶をさらに調査することによって興味深い事実が〝発掘〟されることになるのでしょう。今一度、茶瓶の語りかけてくる歴史に耳をそばだてたいと思います。

第四節　最後の汽車土瓶・茶瓶

昭和三〇年代に入るとポリエチレン容器の出現により、汽車土瓶・茶瓶の存在がおびやかされるようになります。このころになると、窯業試験場に汽車土瓶・茶瓶のデザイン指導や試作が依頼されていました。

一．泥漿鋳込成形の技術指導

窯業試験場の業務報告によると、昭和三四年には三件のデザイン指導と試作が、昭和三五年には信楽学園が泥漿鋳込成形で汽車茶瓶をつくりだしたことに対する技術指導、昭和三六年には汽車土瓶の製造原価およびデザインについての相談が持ち込まれています。

村瀬さんの工房には泥漿鋳込成形でつくられた円筒形の茶瓶が残されています。底には「A」と書かれているので、試作品であったと思われます。これはいつごろつくられていたものかとたずねると、「こんなものつくっていなかったのになぁ」ということでした。

村瀬さんの工房では、現在なお石膏型機械ロクロがもちいられているので、泥漿鋳込成形を導入した形跡にとぼしいのです。おそらく、昭和三四年に窯業試験場で試作された茶瓶であったと考えられます。世が世ならば、この茶瓶が駅弁と共に販売されていたかもしれません。

信楽学園においては、昭和三五年から泥漿鋳込成形による茶瓶生産をはじめます。当初は光陽陶器さんから技術を導入したものの、うまくいかないことから窯業試験場に相談に来られたのです。そこで、技術指導した結果、九割以上の確率で良品の茶瓶をつくりだすことに成功したのでした。

二．日根野作三さんの試作品

窯業試験場にはいくつかの汽車茶瓶の試作品やデザインが残されています。

断面形が蒲鉾《かまぼこ》形の三種の茶瓶と、それに類似した円形もしくは方形の三種の茶瓶の図面が残されています。図面の方は、日根野《ひねの》作三さんによるものであることがわかっています。断面蒲鉾形の汽車茶瓶は、安定感があり持ち運びにも便利そうであるし、何よりも軽量にできあがっています。いわば〝信楽らしくない〟仕上がりになっているのです。

日根野さんは、昭和二年（一九二七）東京高等工芸学校彫刻科卒業後、小森忍さんの山茶窯でデザイナーとしてはたらき、昭和八年（一九三三）には陶磁試験所に入り、陶磁器デザインおよび地方指導をおこないました。戦後は、フリーとなり、各地の陶磁器試験場や陶磁器工場でデザイン指導をおこなうなど、日本の陶磁器デザインの第一人者として活躍されました。

信楽窯業試験場では、昭和三四年から四四年の間、嘱託《しょくたく》講師として植木鉢や輸出用洋食器などのデザインを指導したことが知られています。残念ながら、汽車土瓶斜陽の時代であり、陶磁器デザインの第一人者である日根野さんによる汽車土瓶は、試作されたものの、日の目をみることはなかったのでした。

第六章　信楽汽車土瓶の流通

さきに、村瀬さん、小原さん、信楽学園の活躍を紹介する中で、どのような駅に汽車土瓶が売られていったのかを垣間見ることができました。ここでは、信楽汽車土瓶の販路についてみることにしましょう。

第一節　生産地の資料から

生産地（窯跡）から出土する汽車土瓶には、駅名が書かれているものが多くみられます。そこで、現時点でわかっている資料の駅名を時代ごとにみてみることにしましょう。

一．明治三〇～大正一〇年頃まで

山陽本線
下ノ関――しものせき
三田尻――みたじり

東海道本線
神　戸――かうべ
大　阪――おおさか

宮　島――みやじま
糸　崎――いとさき
岡　山――みよしの
三　石――みついし
姫　路――ひめぢ
福知山線
生　瀬――なませ
関西鉄道
奈　良――月の家
山陰本線
上　井――上井
綾　部――あやべ
北陸線
敦　賀――つるが
今　□――□黒や

京　都――きやうと
大　津――
馬　場――ば〃
草　津――くさつ
米　原――井筒屋
名古屋――なごや
大　府――オほふ
岡　崎――かぎや
豊　橋――つぼや
浜　松――自笑亭
静　岡――しずおか
沼　津――ぬまづ
御殿場――ごてんば
山　北――やまきた
こふづ――
横　濱――

伊勢参宮線
山　田――小川
つ――
四日市――よつかいち

二．昭和五〜二二年頃まで

東海道本線
静岡――お茶は静岡・山は富士
浜松――お茶――浜松自笑亭
沼津――お茶――ぬまづ
（京都）

三．昭和二二年以降

東海道本線
浜松
米原
（京都）

東北本線
上　野――うへの
小牛田――ホテル

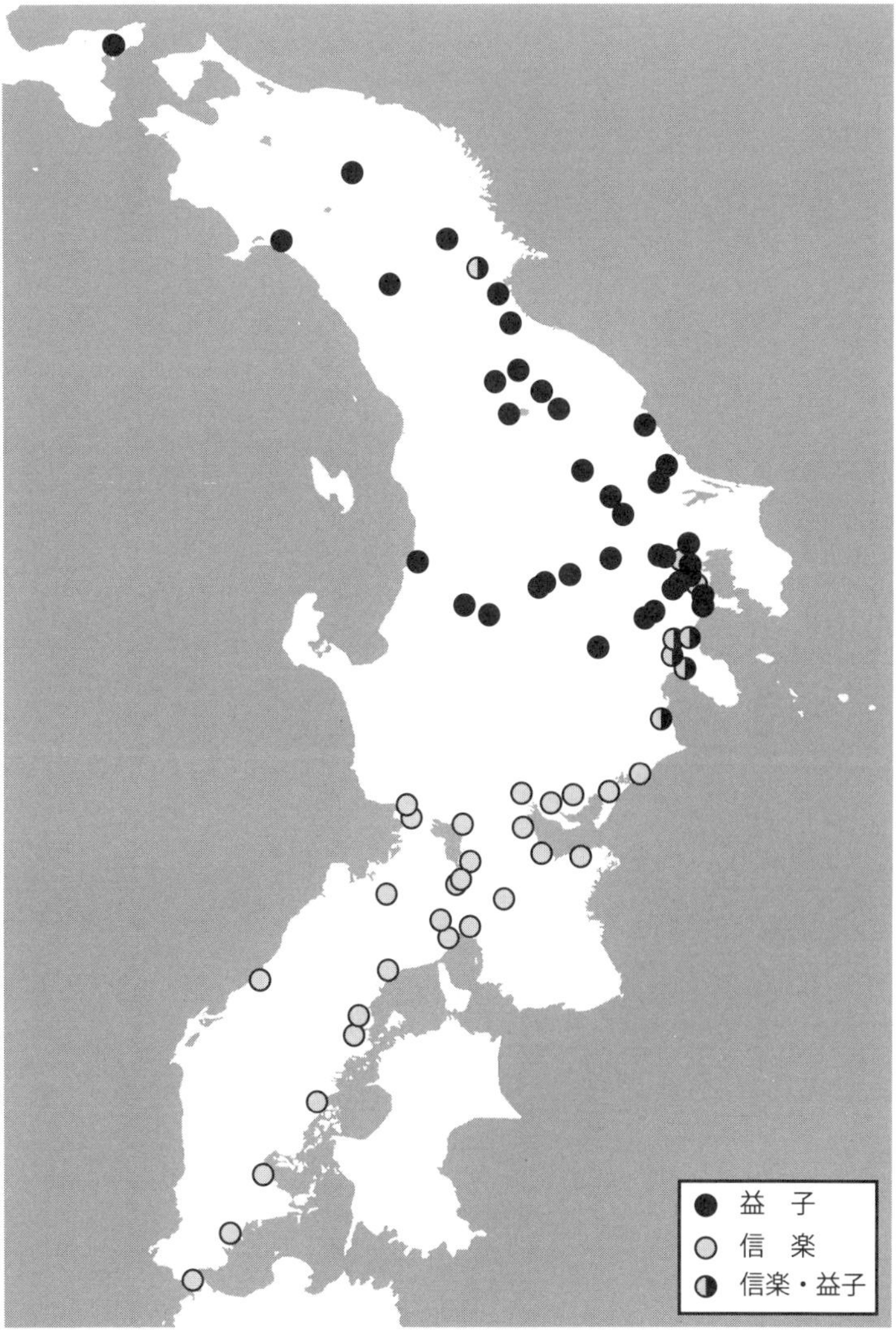

信楽・益子の販路（明治30～大正10年頃）

四．信楽汽車土瓶の販路

（一）窯跡資料からみた信楽汽車土瓶の販路

窯跡から採集された資料などをみていくと、信楽汽車土瓶の販路がおぼろげながらみえてきたようです。

明治三〇～大正一〇年頃までの資料からは、東北線から山陽線までの本州の大半の路線に販路をもっていたことがうかがわれ、小原由右衛門さんのお話（有賀一九七六）がけっして大げさではないと考えられます。大正九年五月二七日の「近江新報」には、信楽でつくられた汽車土瓶は東海道線の静岡から岡山まで用いられていると記されています。

ただし、益子窯場で出土している汽車土瓶の駅名は東日本にかたよっていること（大川・大門一九九〇）、逆に信楽窯場の汽車土瓶の駅名は西日本が多いことを勘案すると、全国に供給していたものの、西日本を中心とする地域を主たる供給地としていたと考えることができます。窯跡でみられる汽車土瓶は大正年間までのものは、昭和以降のものとは比べものにならないくらいに多いことから、信楽汽車土瓶の最盛期はここにあったといっても過言ではないでしょう。なお、それぞれの駅にどれくらいの量を供給していたのかについては、本格的な発掘調査をおこない、分析をくわえることによってわかってくるものと思われます。

ガラス茶瓶の登場にともなう生産停止後には、確実なものとしては京都・静岡・沼津・浜松の駅名が確認できます。調査をつづけていくともう少し増加するものと思われますが、前段階と比較すると、圧倒的に駅名のバリエーションが減少します。駅名自体を記さなくなるという傾向があるとはいえ、窯跡自体も少なくなりますし、窯跡からの出土（採集）量も圧倒的に減少します。この傾向は戦後に入っても同様です。神山だけで三〇軒ほどあった窯元が、戦後には三軒だけになっていたという聞き取り調査の結果を反映しているとみてよいでしょう。

（二）　米原井筒屋さんの汽車土瓶

このことについては、米原駅井筒屋さんの所蔵資料からもうかがえますので、少しくわしくふれることにしましょう。

井筒屋さんは安政年間に長浜船着場前にて旅籠屋をいとなんでいましたが、明治五年に本店を米原に移転しました。明治二二年に東海道全線開通をみこした三代目宮川利八さんは、帝国鉄道指定の旅館を営業され、加藤鎌次郎・中村某氏とともに構内営業の許可を受けました。約一年後に中村某氏は廃業して宮川利八さんに権利を譲渡し、加藤さんは雑貨類の専売を、宮川さんは弁当類を専売することになりました。当時は幕の内弁当を、そののち、明治四四年には助六も販売されるようになりました。お茶の販売についてはあきらかではありませんが、駅弁の販売にさほどおくれることなく販売されるようになったことと思われます。

弁当類の販売は、駅弁を売る人と、お茶を売る人の二人一組でおこなわれたようです。銅壺の下に炭をおいてお湯をあたためながら売り歩いたとのことですが、かなりの重量だったと思われます。プラットホームの下で湯をわかし、天秤棒に銅壺を下げて、構内へと持ち込んだといいます。戦後の最盛期には一日あたり五〇〇個くらいのお茶が売れたそうです。なお、米原駅では、静岡駅などでみられた土瓶・茶瓶の再生処理はされていなかったようです。

さて、井筒屋さんの所蔵資料についてみてみましょう。所蔵されているのは、明治後半から大正一ケタ年代の間に手回しロクロ成形でつくられた信楽窯場のもの、昭和初年から太平洋戦争までの間に泥漿鋳込成形でつくられた瀬戸の伊村製陶所のもの、昭和二七年以降三五年までの間に石膏型機械ロクロ成形でつくられた信楽寮をはじめとした信楽産、昭和三五年から四一年までの間に泥漿鋳込成形でつくられた信楽学園産の四種類がみられます。

最初の資料は、窯場でみられる資料からうかがわれるように、日本列島狭しと信楽窯場で生産されていたころのもの。つぎの資料は、瀬戸の伊村製陶所でつくられたもので、信楽の汽車土瓶生産が瀬戸や美濃での泥漿鋳込成形による汽車茶瓶生産におされて衰退していたころのものです。やはり、ここ米原駅でもシェアを奪われてしまった状況をみてとることができるのです。

戦後になると、信楽寮・信楽学園産の汽車土瓶・茶瓶がみられます。このことについては、当時の代表社員であった宮川泰三さんが、社会福祉の観点から採用を決められたのです。この、異例の決断がなければ、信楽窯場の汽車土瓶・茶瓶はそのままもちいられることはなかったのでしょう。以上のように井筒屋さんの所蔵資料から、信楽での汽車土瓶・茶瓶生産の盛衰を垣間見ることができるのです。

第二節　遺跡出土の汽車土瓶

消費地から出土する汽車土瓶は、基本的には〝捨てられたもの〟としてとらえることができます。ただし、それにはいくつかのパターンがあることに気づきます。パターンごとにいくつかの事例をあげることにしましょう。

一．捨てる

鉄道関係の遺跡を発掘調査すると、かならずといっていいほど汽車土瓶が出土しています。その中で、〝駅や車内で捨てられた〟ものと〝車窓から捨てられた〟いくつかの事例をみてみることにしましょう。

（一）〝駅や車内で捨てる〟

旧新橋駅（汐留遺跡）

明治五年に新橋―横浜間を走った日本初の鉄道にともなってできた駅です。明治二二年には東海道線が神戸まで開通し、盛期をむかえましたが、大正三年に東京駅が開業したために、烏森《からすもり》駅に新橋の名を譲り、貨車輸送のみをとりあつかう汐留貨物駅となったのです。そこから出土した汽車土瓶は、おのずと大正三年までのものに限定できます（福田二〇〇四）。

汽車土瓶は、直径五メートルの大きなゴミ穴に大量に廃棄された状態で出土したほか、いくつかの地点で出土しています。そこには益子の梅絵・窓絵山水土瓶、信楽の山水・白掛け呉須絵土瓶、常滑の朱泥・焼締土瓶、瀬戸および美濃の土瓶などの駅名の記されていないものと、駅名の入った土瓶がありました。駅名の入った土瓶には「沼津・桃中軒」のものが群を抜いて多く、「浜松」「名古屋」「大垣」「馬場」といった東海道線のものが主でした。

高木遺跡
投げ捨てられた場所

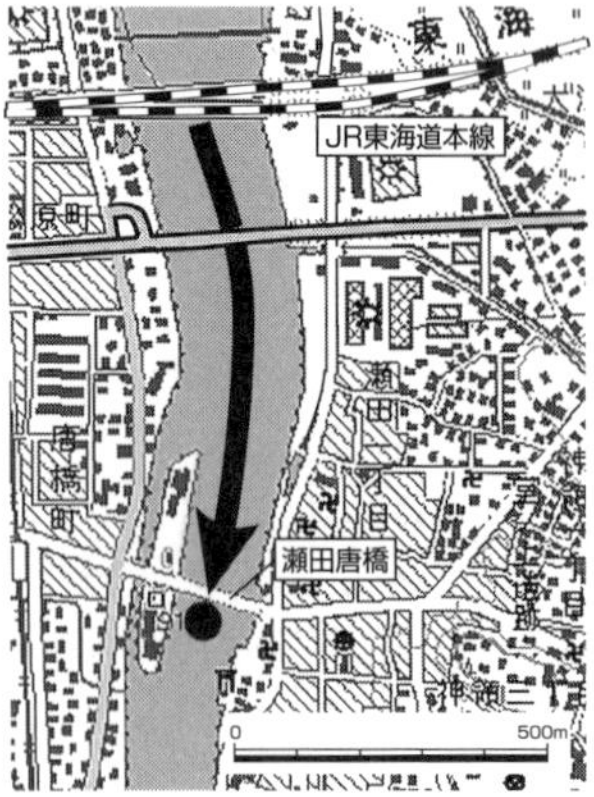

唐橋遺跡

旧京都駅

明治一〇年に開業した京都駅は、大正三年に駅舎の位置を変えています。旧駅舎に関連すると考えられるいくつかの地点から益子の窓絵山水、駅名入り汽車土瓶が出土しています（竜子二〇〇二）。確認できる駅名としては「岡山」「姫路」「大津」などがあり、駅弁屋さんの名前としては「三好野《みよしの》」＝岡山駅、「□（井ヵ？）筒屋」＝米原駅があります。駅名入り汽車土瓶の大半は、破片状態で多量の石炭ガラとともに出土しています。

（二）〝車窓から投げ捨てる〟

鉄道路線の隣接地を発掘調査していると、まれに汽車土瓶が出土することがあります。おそらくは〝車窓から投げ捨てられた〟ものであると考えられます。いくつかの事例をみてみることにしましょう。

唐橋遺跡

琵琶湖から唯一流れ出る瀬田川を越えたのが東海道線でした。瀬田川の浚渫《しゅんせつ》のために川底の発掘調査をおこなったところ、東海道線の下流側から昭和二〇～三〇年頃に美濃でつくられた汽車土瓶が出土しました（滋賀県教委・協会一九九二）。当然のことですが、周囲に駅舎はおろか民家もありません。瀬田川を越える時に車窓から投げ捨てられたものと考えられます。

実は、この汽車土瓶には、文字が不鮮明で読みにくくなっていますが、「容器を車窓外に捨てることは危険です」と型抜きで記されています。汽車土瓶からのメッセージもなんのその、瀬田川を越える時に、まさに車窓から投げ捨てられたのです。何とも皮肉な気がしませんか…。

高木遺跡

東海道線の近江八幡駅の近く、みわたすかぎりの田んぼにかこまれた線路際で発掘調査をおこなっていたところ、明治三〇年〜大正一〇年頃に信楽でつくられた汽車土瓶が出土しました（滋賀県教委・協会一九九四）。ここも周囲に駅舎も民家もありません。この事例も車窓から投げ捨てられたものであると考えられます。

（三）〝捨てる〟ということ…

さきにもふれたように、汽車土瓶はいくつかの駅弁業者が再処理工場で洗浄・消毒して再度もちいられていました。それゆえ、駅から出土するものの多くは、再生不可能なものであったとみられます。多量の石炭ガラとともに出土している旧京都駅関係の資料がその好例になると思われます。

また、ガラス茶瓶が不評であった理由の一つに、乗客がガラス茶瓶を窓から投げ捨てるために、周辺の農民や鉄道工夫がわれたガラス瓶でけがをするということがありましたが、まさに、汽車土瓶は投げ捨てる習慣があったとみてよいでしょう。

大正年間から戦前までの瀬戸の汽車茶瓶に「あきびんは腰かけの下にお置き下さい」や「空

きびんはこしかけの下へ」という一文がつけられている（大川・河野一九八五）のは、ポイ捨て禁止と土瓶・茶瓶の再利用ということをみすえてのことであったことがうかがわれるのです。

二．持って帰る

駅からも、鉄道路線とも関係のない場所から汽車土瓶が突然出土することがあります。おそらく汽車土瓶を持ち帰ったのだろうと推測できます。この〝持って帰る〟というパターンには、〝持って帰るだけ〟と〝持って帰って使う〟というパターンに細分できます。

（一）〝持って帰って使う〟

まず、再利用していることが確実にわかる事例についてみてみることにしましょう。

東京大学本郷構内の御殿下記念館地点の調査では、ゴミ穴に汽車土瓶が捨てられていました（大川・大門一九九〇）。駅名の書かれたものではないのですが、益子の梅絵や山水土瓶がありました。いくつかの例外をのぞいて、明治二〇年前後の資料とみることができます。このゴミ穴からは、汽車土瓶のほかに「東京第一病院内科第六号用」と墨書された万古《ばんこ》焼の練込急須や柿釉《かきゆう》の尿瓶が数個出土しています。このことから、病院でもちいられていたものと考えられるのです。東京第一医院は明治一五年から明治三四年に存在していたことが知られていることから、考古学的情報と符合します。

汽車土瓶を駅で捨てることなく、持ち帰り、再利用した可能性があるのです。

（二）〝持って帰るだけ〟

おみやげとして家に持って帰ったのではないかと考えられるものがあります。名古屋市の東古渡町遺跡からは、ガラス茶瓶が出土しています（名古屋市教育委員会一九九四）。また、堺市の堺環濠都市遺跡からは「横浜」の駅名の入った汽車土瓶が出土しています（堺市教育委員会一九八四）。これらは、鉄道敷地やその隣接地でもなく、駅弁販売店関係でもなく、鉄道関係のゴミ処理施設でもなく、さきにあげた病院で再利用されたというものでもありません。ここでは旅の記念に家に持ち帰り、ほどなく捨てられたのではないかと推測することができるのです。

（三）〝持って帰る〟ということ…

現代的感覚からすると、汽車土瓶を一回限りのものとして捨てるということに対しては、やや抵抗感がありますね。このような事例をみると、やはり、荷物に余裕があるならば、そのまま汽車や駅舎の中に置いてかえるというよりは、持って帰ることを選んだ人も多かったのではないでしょうか。

ただし、実際には汽車土瓶・茶瓶（もしくはガラス茶瓶）は、何に使うでもなくタンスの上にずっと置かれていたり、納戸にしまい込まれてたりしたのでしょう。

第七章　信楽汽車土瓶の編年と製作技法

ここでは、信楽汽車土瓶の編年と製作技法について、みてみることにしましょう。まずは形態の編年、ついで汽車土瓶の製作技法の変遷について述べることにします。

第一節　信楽汽車土瓶の編年

まず、汽車土瓶を編年することにしましょう。汽車土瓶の登場から終焉まで、大きく三期に分けて述べることとします。

一．第一期

鮫肌・山水・若竹といった既存の土瓶をモチーフにして、二〜三合に小型化した土瓶を生産して、汽車土瓶とした段階です。土瓶の高さは八〜九センチくらいのものが一般的です。基本的に法量が小さいだけで、文様を描くことについては、通常の土瓶と変わらなかったことから、生産コストはけっして安いものではなかったと想像できます。手回しロクロ成形で、茶こし穴（「ス」）は二〜三つです。山形の蓋と落し蓋の両方がみられます。これらに組み合う茶碗ははっきりとしていませんが、小ぶりな茶碗がもちいられたと考えられます。

年代は、汽車土瓶が登場したとされる明治二二年からの五〜六年間であったと考えられます。

二．第二期

一期の土瓶とは形態が大きく異なり、量産化を目指していきます。

（一）第一段階

手回しロクロ成形で、茶こし穴（「ス」）は二〜三つです。落し蓋のものが多くみられます。これらには、蓋と湯呑み茶碗がセットになっています。体部外面には漢字で駅名と弁当屋さんの屋号、もしくは漢字とひらがなで駅名が書かれるものが一般的ですが、字の書かれないものも一定量あるようです。

土瓶の高さは七センチ前後くらいのものが一般的です。第一期のものとくらべると、一回り小さくなっていることがわかります。

年代は、明治三〇年代を中心とするものと考えられます。

（二）　第二段階

基本的に二期第一段階でみられた形態と同様です。異なる点は、茶こし穴（「ス」）の数が一つのものが一般的になることです。中にはまれに茶こしの穴が五～一〇あるものもみうけられます。

土瓶の高さは七センチ前後くらいのものが一般的です。基本的には第二期第一段階のものと同じです。

年代は、明治四〇年代から大正一桁年代を中心とするものと考えられます。

（三）　第三段階

ガラス茶瓶出現後にみられるものです。基本的に第二段階でみられた形態と同様ですが、少し小さくなります。以降、土瓶型をしたものは、この大きさになります。また、土瓶型であっても蓋がつかず、湯呑み茶碗が蓋のかわりとなっています。

新たな技術（石膏型機械ロクロ）でつくられた汽車土瓶が登場します。

村瀬汽車土瓶工場さんでつくりだされた石膏型機械ロクロ成形の一群と、マルヨシさんでつくりだされた手回しロクロ成形で「お茶は静岡山は富士」の一群がこの段階にあたります。

土瓶の高さは六～七センチ前後くらいのものが一般的です。第二期第二段階のものとくらべると、少し小さくなっていることがわかります。

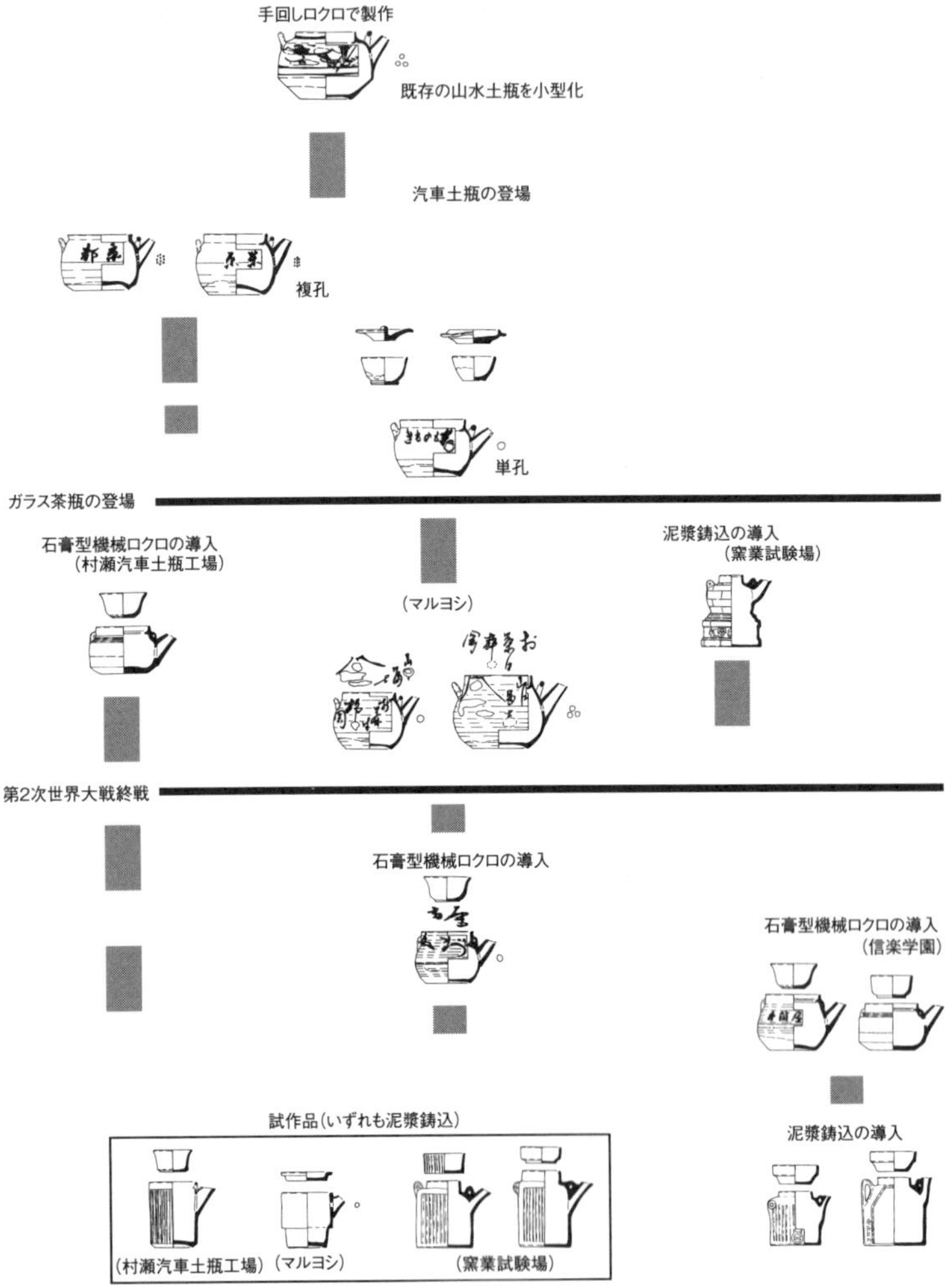

信楽での汽車土瓶・茶瓶のうつりかわり

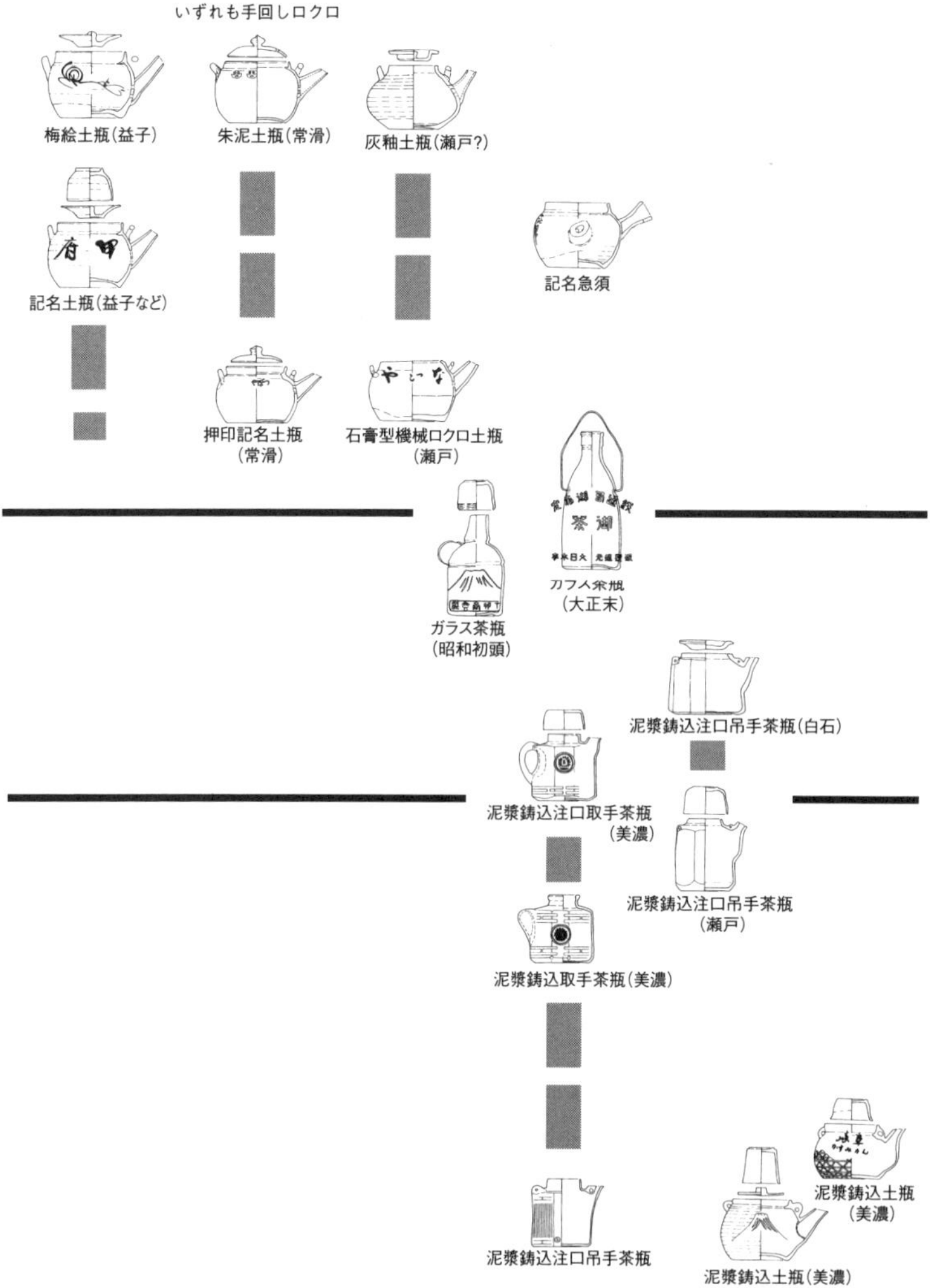

信楽以外での汽車土瓶・茶瓶のうつりかわり

年代は、昭和五年～一〇年代を中心とするものと考えられます。

（四）　第四段階

この段階は、石膏型機械ロクロ成形へと移行します。土瓶の高さは六センチ台のもので占められるようになり、第二期第三段階のものとくらべると。確実に小さくなっています。また、昭和二二年以降は横書きの漢字が左から右へと書かれるようになり、駅名をプリントするものがみられます。

年代は、昭和二〇～三〇年代を中心とするものと考えられます。

三．第三期

土瓶型は第二期第四段階と同様です。

この段階から信楽学園産の泥漿鋳込成形の茶瓶型がみられるようになります。このほか、昭和三〇年代のポリエチレン容器の出現以降に窯業試験場で試作された泥漿鋳込成形の一群がみられます。

年代は、昭和三〇～四〇年代を中心とするものと考えられます。

第二節　信楽汽車土瓶の製作技法

信楽の汽車土瓶には、大きく三つの製作技法（成型方法）がありました。手回しロクロによる成形方法、石膏型機械ロクロによる成形方法、泥漿鋳込による成形方法です。さきに述べたように、いっせいに成形方法が変化したわけではありませんが、順次移り変わっていったことがうかがえます。それぞれの製作方法についてみることにより、信楽汽車土瓶の特徴についてみてみることにしましょう。

一．手回しロクロ成形

すべての工程が手作業であること、ロクロ成形には熟練が必要とされることが特徴です。

①ロクロの上に粘土を乗せ、形をととのえて挽き出す準備をします。
②ロクロを手で回して粘土を挽き出します。
③形をつくったら、ロクロから切り離します。まだ、この時点では土瓶のボディ部分しかできていません。
④汽車土瓶のように複雑な形の場合、注ぎ口はあとでとりつけますし、吊手や注ぎ口の穴はあとであけます。

⑤乾燥が終わったら駅名などを書き入れて、外側だけに透明釉を掛けます。
⑥さらに乾燥が終わったら素焼きをせずに窯につめて焼きます。

二．石膏型機械ロクロ成形

ロクロ成形の工程を機械化しています。ここでのロクロ成形には必ずしも熟練を必要としませんから、手回しロクロ成形と比べると、ロクロを回す動力にかかわる経費は必要ですが、ロクロ成形にかかる人件費をややおさえることが可能となっています。ただし、製作に要する時間は、手回しロクロとさほど差はありません。

①外側のみ石膏によって型をつくります。上下半分に分けられるものが一般的です。その石膏型は、機械と連動しており、モーターを回すと工場内の石膏型が回りはじめます。回す必要のない時は足下のペダルを踏んで回転をとめます。まったく必要のない時には動力から回転を伝えるベルトをはずしてしまえば回転することはありません。
②そういった石膏型に必要な粘土をつめて回転をはじめます。内側にコテ状のものをあてて、粘土を石膏型になじませつつ、内側の形をととのえていきます。
③できあがったら、回転をとめます。乾燥させてから型からはずすために、棚に収納します。
④汽車土瓶のように複雑な形の場合、注ぎ口はあとでとりつけますし、吊手や注ぎ口の穴

はあとであけます。
⑤乾燥が終わったら駅名などを書き入れて、外側だけに透明釉を掛けます。
⑥さらに乾燥が終わったら窯につめて焼きます。

三．泥漿鋳込成形

前二者のロクロ成形に比べると、作業にあたっての熟練さはほとんど必要とされません。そのことから、人件費を大きくおさえることができます。卸値だけをみると、石膏型機械ロクロ成形のものの五割から七割五分程度になっています。また、製作にかかる時間は短いことから、量産することが可能です。
①吸水性の高い石膏でつくった製品の型と水と粘土をまぜたもの（泥漿）を用意します。
②石膏型の中に泥漿を流し込み、表面が固まるまでまちます。
③固まりきらなかった泥漿を石膏型からだして、乾燥させます。
④乾燥したら、石膏型をはずします。
⑤釉を掛けます。
⑥さらに乾燥が終わったら窯につめて焼きます。

四．製作技法（成型方法）からみた信楽汽車土瓶

以上にみられるように、信楽汽車土瓶の成形方法は大きく三つに分けることができます。大筋では、手回しロクロ成形↓石膏型機械ロクロ成形↓泥漿鋳込成形の順に変遷していったことがうかがわれますが、その内実は一筋縄ではいかなかったようです。また、他地域の動向と比較すると、信楽が特徴的な変遷をたどっていることもわかります。信楽汽車土瓶がどのような製作上の特徴をもっていたのかについて具体的にみてみましょう。

まず、初期の汽車土瓶は、手回しロクロで成形されることが一般的でした。これは、従来の京焼風小物施釉陶器生産の技術を受け継ぎながら、〝汽車土瓶〟という新たな需要に対応してつくりだしたことによるものです。信楽のみならず、明治時代の汽車土瓶生産地はすべてこのような傾向にあるといっても過言ではありません。

また、この時期の汽車土瓶生産地は、明治時代までに成立した比較的大きな窯場であったことからうかがわれるように、安定した窯場に、新たな商品の一つを発注したという状況であったと理解できます。萩乃家さんが信楽を訪れたことも具体的な事例としてあげることができるでしょう。

そののち、大正年間に入ると、瀬戸では石膏型機械ロクロを導入します。信楽でも大正年間には火鉢の石膏型機械ロクロの導入に成功します。ただし、この時点で汽車土瓶生産の機械化

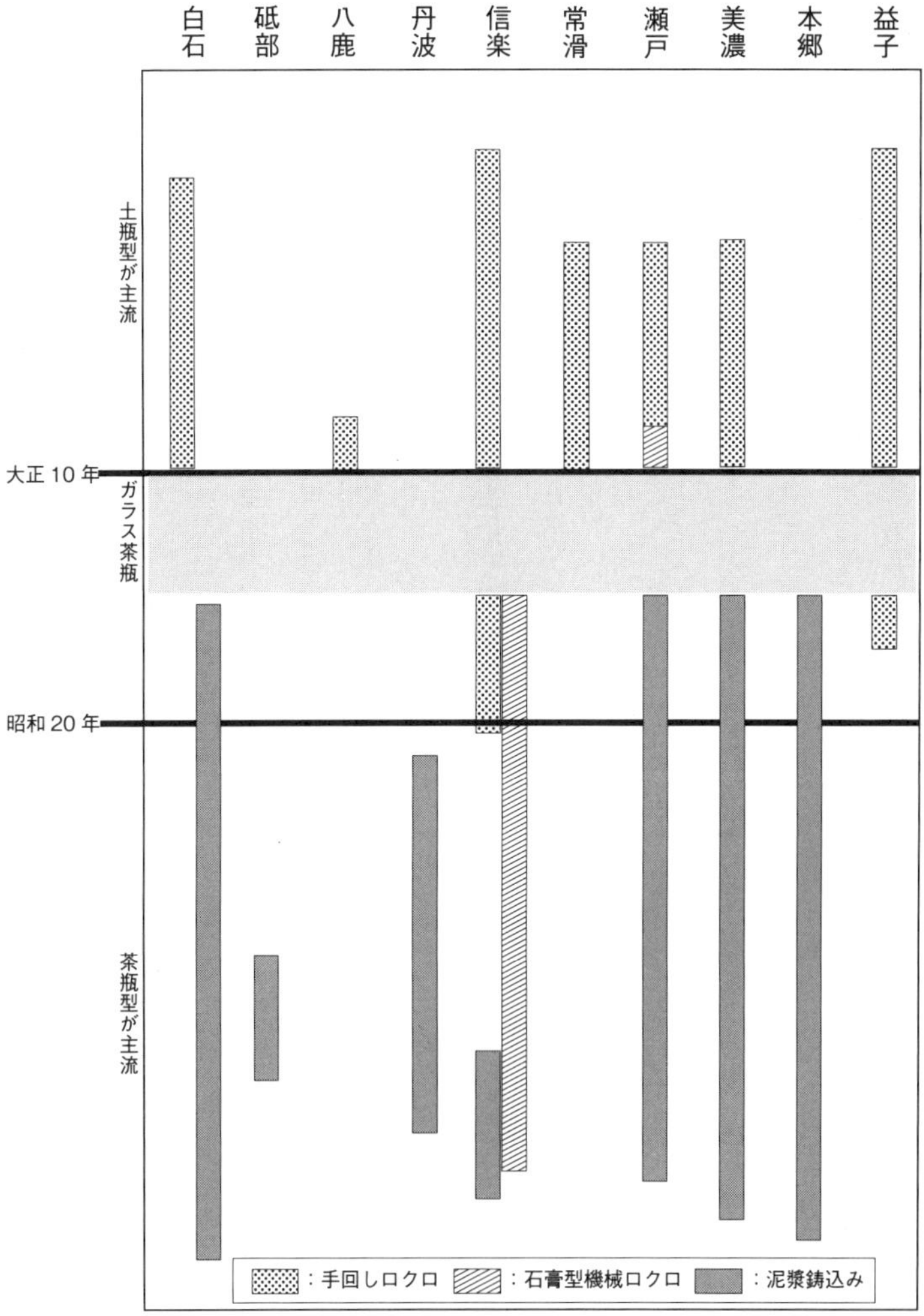
白石
砥部
八鹿
丹波
信楽
常滑
瀬戸
美濃
本郷
益子
土瓶型が主流
大正10年
ガラス茶瓶
昭和20年
茶瓶型が主流
：手回しロクロ
：石膏型機械ロクロ
：泥漿鋳込み

汽車土瓶の製作技法

をはたした窯場は、瀬戸をのぞくとほかにはありませんでした。信楽に関しては、多数かかえているロクロ師による製作で充分に需要をまかなうことができたと考えてよいでしょう。また、事業者個々の資本力が小さかったことから工房の大規模化や機械化ができなかったのかもしれません。

しかし、昭和初年頃になると会津本郷・瀬戸・美濃・白石などで泥漿鋳込成形による汽車茶瓶生産が開始されます。手回しロクロ成形はおろか、石膏型機械ロクロ成形と比較しても職人一人あたりの生産量が圧倒的に多く生産コストがかからないことから、市場の比重が転換していきます。

泥漿鋳込成形の汽車茶瓶が台頭してくる状況下において、信楽では昭和八年に村瀬汽車土瓶工場において石膏型機械ロクロが導入されます。手回しロクロ成形の段階から脱皮して、量産化をはかったものと思われますが、泥漿鋳込成形の生産コストと比較すると高いことと、石膏型機械ロクロ成形では円形の形状からはなれることができないという致命的な問題がありましたので、販路を奪われる結果になったものと思われます。

ここで注目したいのが、昭和八年に村瀬汽車土瓶工場で石膏型機械ロクロが導入されたものの、信楽のほかの窯元では依然として手回しロクロをもちいて汽車土瓶がつくられていたと考えられる点です。信楽窯場の中での機械化は一様にすすんでいかなかったことがうかがわれます。ほぼ同じ頃、窯業試験場で泥漿鋳込成形による「満鉄」汽車茶瓶が試作されていたことを考えると、大きなギャップを感じざるをえません。信楽窯場には、機械化や合理化にかならずしも向かっていかない何かがあったようです。それぞれの窯元の資本力が相対的に小さかったことや職人の賃金が比較的安かったことが要因のひとつであったと想定できます。

「土瓶」の形にこだわったがために安価に大量生産できる泥漿鋳込成形の茶瓶に負けてしまったのですが、逆の見方もできるのではないでしょうか。昭和五年に汽車土瓶を復活させるにあたって、経済的な合理性のみを追求すれば泥漿鋳込成形の茶瓶に転換してしまっていたにちがいないでしょう。当然のことながら、生産者側の思いだけでは商売は成り立ちません。消費者も、駅弁業者さんも石膏型でつくった「変な形」もしくは「型の曲がりくねった角のいやみ」な茶瓶ではなく、「土瓶」の形に愛着を持っていたからこそ、信楽がこだわりつづけることができたのです。

戦後に入ると、信楽窯場では基本的に石膏型機械ロクロを導入するようになったとみられます。信楽以外の窯場では泥漿鋳込成形による汽車茶瓶が一般的なものになったにもかかわらず、信楽のみが石膏型機械ロクロ成形による「汽車土瓶」の生産をつづけ、異彩を放っていることがわかります。

昭和三五年に信楽学園が泥漿鋳込成形に転換する際には、瀬戸の光陽陶器から技術援助を受けているという点をみても当時の信楽の状況をうかがうことができます。窯業試験場や村瀬汽車土瓶工場などで泥漿鋳込成形による試作品がつくられるようになるのは、昭和三〇年代に入ってからであり、製品化される前に陶磁器製の土瓶・茶瓶そのものが姿を消してしまったのでした。

Bon voya... Minna san gō kigen yo Sayonara

99.「どうぞよい旅を…皆さんごきげんよう、さようなら」

あとがき

本書では、おもに信楽の窯場からの視点から、信楽汽車土瓶についてみてきました。信楽は、初期から汽車土瓶の生産に関わったこと、大正一〇年のガラス茶瓶登場までは本州の西半分を席巻していたこと、「土瓶」のかたちにこだわりつづけた数少ない窯場であったことなどがわかりました。

ものの形は時代とともにうつりかわっていくのが常ですが、「自分に求められているもの」や「自分がよいと信じるもの」をかたくなに守りつづけ、経済的な合理性を度外視してまでも「土瓶」の形にこだわりつづけた信楽の心意気を感じずにはいられません。本書の題名を『信楽汽車土瓶』とした理由は、「信楽」が最初から最後まで「土瓶」の形をつくりつづけた数少ない窯場であったからこそ、なのです。

本書は平成一四～一五年にかけて編者を中心に汽車土瓶の資料調査をおこない、執筆分担を決めて文章化しはじめていたものです。しかし、その当時『信楽焼の考古学的研究』（平成一五年一二月刊）を上梓することにしていたので、ゆくゆくは内容を充実させて一書にまとめようと思っているうちに、うっかり存在自体を忘れてしまっていたのです。

ところが、平成一八年秋に甲賀市土山歴史民俗資料館にて汽車土瓶の展示をしたいので協力せよとの話があり、集めた資料をひっぱりだして資料と書きかけの原稿を見直しました。多少泥縄的な再開ではあったものの、当時と比べると少し大人になった目線で全体構成を練り直し、足りないところは当時の資料調査にかかわっていた方々に原稿を持ち寄っていただきつつ、ようやくまとめることができました。編者として心から感謝申し上げたいと思います。

ここ数年信楽をフィールドに考古学的な調査・研究をすすめてきましたが、まだまだゴールはみえそうにありません。自分でも気づかないうちに、長い旅にでてしまったのかもしれませんね。

とある汽車土瓶に書かれていた「旅の友　お茶」。

そう、汽車土瓶を片手に、もうしばらくは時間を往き来しながら信楽の旅を続けることにしましょう。

また、どこかでお目にかかれることを願いつつ、ひとまず擱筆いたします。

畑　中　英　二

お世話になった方々

伊藤公一さん（滋賀県立窯業技術試験場）には窯業試験場所蔵資料を閲覧させていただくばかりか、諸々の資料の検索に大変お世話になりました。雲林院治夫さん（甲賀市教育委員会）からは地元の収集家の方々を紹介していただきました。また水野順敏さん（窯業史研究所）には、汽車土瓶についてたくさんの御教示をいただきました。ほかにも多くの方々にお世話になりました。お名前を挙げさせていただき、感謝の言葉に代えさせていただきます。

ルイーズ・アリソン・コートさん（スミソニアン研究所）、村瀬一彦さん（村瀬汽車土瓶工場）、信楽学園の皆さん、渓逸郎さん（法蔵寺）、谷清右衛門さん、宮川博司さん（株式会社井筒屋）、大橋さん（株式会社東海軒）、中井均さん（米原市教育委員会）、用田政晴さん（滋賀県立琵琶湖博物館）、田中良介・大西茂夫・里見賢一・里見武四郎・寺田喜八さん（甲賀市信楽町の皆さん）、粂田美佐登さん（甲賀市土山歴史民俗資料館）、森田真潮さん（毎日新聞大津支局）、小松葉子さん、山西敬子さん

参考文献

【全般に関するもの】

植木暢久『八鹿焼あれこれ』八鹿町教育委員会、一九八二年。
大川清『汽車土瓶』窯業史博物館、一九九五年。
加藤助三郎「輸出陶磁器の大不振」『大日本窯業協会雑誌』一八九号、一九〇八年。

光陽陶器合資会社（旧古藤製陶所）『行幸拾周年記念』一九五六年。

城山三郎「茶びんつくり一筋に三十年」『旅』新春号、日本交通社、一九六五年。

大日本窯業協会「日本陶磁器の欠点」『大日本窯業協会雑誌』一号、一八九二年。

大日本窯業協会「(明治) 二十七年陶磁器表備考」『大日本窯業協会雑誌』四七号、一八九六年。

手島精一「窯業の前途」『大日本窯業協会雑誌』一四二号、一九〇四年。

西川俊作ほか『産業化の時代』上・下、岩波書店、一九九〇年。

農商務省『重要輸出工産品要覧』前編3、陶磁器及七宝器、一九〇八年。

農商務当局談「陶磁企業の輸出発達に就て」『大日本窯業協会雑誌』一七三号、一九〇七年。

林順信・小林しのぶ『駅弁学講座』集英社新書〇〇五二H、集英社、二〇〇〇年。

福島県陶業事業協同組合『会津本郷焼の歩み』一九六九年。

福田敏一『新橋駅発掘』雄山閣、二〇〇四年。

藪内清「陶器産業」『立杭焼の研究』恒星社厚生閣、一九五五年。

雪廼閑人『汽車弁文化史』信濃路、一九七八年。


【信楽に関するもの】


有賀政次『東海軒繁盛記』東海軒、一九七六年。

桂又三郎「汽車土瓶」『陶説』第二〇六号、日本陶磁協会、一九七〇年。

河原徳立「地方通信信楽陶器」『大日本窯業協会雑誌』一三九号、一九〇四年。

北村方志編「土びんをつくる子供達―信楽―」『駅弁パノラマ旅行』千趣会、一九六四年。

倉橋籐次郎「信楽陶業調査資料」下『大日本窯業協会雑誌』二七二号、一九一五年。

後藤楯比古『失われた美―汽車土瓶に魅せられて―』千秋社、一九七八年。

滋賀県行政文書「信楽陶器同業組合42年4月~6月の事業実況報告」84―48、一九〇九年。

滋賀県行政文書『工業補助関係書類』83―60「信楽陶器模範工場、県費補助事業に関する件、報告外2件」所収、「答申書」、一九一〇年。

滋賀県内務部『滋賀県実業要覧』第一編工業信楽陶器第2技術上の観察原料、一八九九年。

滋賀県立信楽学園『創立五十周年記念誌　歩』二〇〇二年。

富増純一『信楽焼歴史図録　しがらきやきものむかし話』信楽古陶愛好会、一九九八年。

畑中英二『信楽焼の考古学的研究』サンライズ出版、二〇〇三年。

畑中英二『続・信楽焼の考古学的研究』サンライズ出版、二〇〇七年。

平野敏三『信楽焼に就て』滋賀県立産業文化会館、一九五三年。

平野敏三『信楽』技法堂出版、一九八二年。

【調査報告】

大川清・大門直樹編著『益子の近代窯業遺跡I』国士舘大学文学部考古学研究室、一九九〇年。

堺市教育委員会『市埋文報告第二〇集　堺環濠都市遺跡発掘調査報告』一九八四年。

滋賀県教育委員会・財団法人滋賀県文化財保護協会『唐橋遺跡』一九九二年。

滋賀県教育委員会・財団法人滋賀県文化財保護協会『後川遺跡・高木遺跡・八甲遺跡』一九九四年。

名古屋市教育委員会『東古渡町遺跡　第5次発掘調査概要報告書』一九九四年。

信楽町教育委員会『信楽焼古窯跡分布調査報告書』二〇〇三年。

竜子正彦「京都駅出土の汽車土瓶」『第145回京都市考古資料館文化財講座』京都市考古資料館、二〇〇二年。

用語解説

【イッチン描き】いっちんがき
泥漿で白線を描く装飾技法。イッチン掛け・イッチン盛り・絞り描き・筒描きなどともいう。和紙や油紙、皮でつくったチューブやスポイト状の入れ物（イッチン）に泥漿を入れ、少しずつ絞り出しながら器面に線を引いて文様を描いていく。

【山水土瓶】さんすいどびん
山水文様（山、川、海などの自然の風景を描いた文様）が蓋と胴部に描かれた陶器の土瓶。底の部分だけが素焼となる。信楽や相馬、益子、明石などで生産された。土瓶は本来、薬を煎じるためのもので、直接火にかけることから素焼の土器であり、持ち手として弦がつけられる。やがて熱湯を注いで茶をいれる道具へと機能が変化し、それにともなって釉薬を胴部に掛けた陶器や磁器の土瓶が出回るようになった。

【石膏型】せっこうがた
泥漿鋳込などの成形技法で用いる石膏で作られた型。石膏を型に流し込み、凝結硬化させて石膏型を作る。細かな文様まで再現できるとともに、吸水性や離型性に優れている。

【泥漿鋳込】でいしょういこみ
泥漿鋳込成形ともいう。陶磁器の成形方法の一種で、型に流し込んだ泥漿（陶土に水を混ぜて液状や粘土の高いクリーム状にしたもの）を型の吸水性を利用して成形する。型は素焼き型を用いていたが、その後石膏型が使用されるようになった。同一法量・形態の製品を量産するための効率的な方法といえる。

【鉄道付属地】てつどうふぞくち
満鉄付属地ともいう。南満州鉄道（満鉄）が経営する鉄道沿線一帯の地域。明治三八年（一九〇五年）の日露講和条約および日清満州善後条約によって、日本は関東州の租借権と南満州鉄道とその鉄道付属地の行政権を獲得した。この鉄道付属地の行政権は、もともとロシアの東清鉄道会社が付属地の排他的行政権を有することを定めた清国政府と同社との契約に由来する。満鉄は鉄道付属地の土木・教育・衛生などについて必要な施設を施し、居住民に手数料などの費用を賦課する権限をもつ。総面積は三三〇平方キロメートルにおよぶ。鉄道付属地には、鉄道守備を目的として満州独立守備隊六個大隊が駐屯した。これら鉄道付属地のなかでは、奉天（現在の瀋陽）・撫順・鞍山などの商工業都市が発展し、日本の南満州における植民地経営の基礎をなした。

資料一覧

資料No.	資料名	所蔵者など
1	構内ビュッフェ…ビール、お茶など	『ビゴー素描コレクション』岩波書店刊
2	小型山水土瓶	甲賀市教育委員会蔵
3	小型山水土瓶	甲賀市教育委員会蔵
4	小型山水土瓶	甲賀市教育委員会蔵
5	小型若竹土瓶	甲賀市教育委員会蔵
6	小型円文土瓶	村瀬汽車土瓶工場蔵
7	小型鮫肌急須	滋賀県窯業技術試験場蔵
8	二等車…夫をいたわる妻は…	『ビゴー素描コレクション』岩波書店刊
9	記名土瓶（小牛田・ホテル）	甲賀市教育委員会蔵
10	記名土瓶（上野・うへの）	甲賀市教育委員会蔵
11	記名土瓶（横濱）	甲賀市教育委員会蔵
12	記名土瓶（こふづ）	甲賀市教育委員会蔵
13	記名土瓶（山北・やまきた）	甲賀市教育委員会蔵
14	記名土瓶（御殿場・ごてんば）	甲賀市教育委員会蔵
15	記名土瓶（沼津・ぬまづ）	甲賀市教育委員会蔵
16	記名土瓶（志づをか）	個人蔵
17	記名土瓶（静岡・志づをか）	甲賀市教育委員会蔵
18	記名土瓶（濱松・はままつ）	甲賀市教育委員会蔵
19	記名土瓶（はままつ・自笑亭）	甲賀市教育委員会蔵
20	記名土瓶（とよはし・つぼや）	甲賀市教育委員会蔵
21	記名土瓶（岡崎・かぎや）	甲賀市教育委員会蔵
22	記名土瓶（岡崎・をかざき）	甲賀市教育委員会蔵
23	記名土瓶（大府・をおふ）	甲賀市教育委員会蔵
24	記名土瓶（名古屋・なごや）	甲賀市教育委員会蔵
25	記名土瓶（四日市・よつかいち）	甲賀市教育委員会蔵
26	記名土瓶（つ）	甲賀市教育委員会蔵
27	記名土瓶（山田・小川）	甲賀市教育委員会蔵
28	記名土瓶（米原・井筒や）	甲賀市教育委員会蔵
29	記名土瓶（米原・まいはら）	甲賀市教育委員会蔵
30	記名土瓶（敦賀・つるが）	甲賀市教育委員会蔵
31	記名土瓶（草津・くさつ）	個人蔵
32	記名土瓶（馬場・ばゞ）	甲賀市教育委員会蔵
33	記名土瓶（大津）	甲賀市教育委員会蔵
34	記名土瓶（京都・きやうと）	甲賀市教育委員会蔵
35	記名土瓶（京都・きやうと）	甲賀市教育委員会蔵

資料No.	資料名	所蔵者など
36	記名土瓶（綾部・あやべ）	甲賀市教育委員会蔵
37	記名土瓶（上井・上井）	甲賀市教育委員会蔵
38	記名土瓶（大阪・をほさか）	甲賀市教育委員会蔵
39	記名土瓶（奈良・月の家）	個人蔵
40	記名土瓶（神戸・かうべ）	甲賀市教育委員会蔵
41	記名土瓶（生瀬・なまぜ）	甲賀市教育委員会蔵
42	記名土瓶（姫路・ひめぢ）	甲賀市教育委員会蔵
43	記名土瓶（三石・みついし）	甲賀市教育委員会蔵
44	記名土瓶（をかやま）	村瀬汽車土瓶工場蔵
45	記名土瓶（糸崎・いとざき）	甲賀市教育委員会蔵
46	記名土瓶（宮島・みやじま）	甲賀市教育委員会蔵
47	記名土瓶（三田尻・みたじり）	甲賀市教育委員会蔵
48	記名土瓶（下ノ関・志ものせき）	甲賀市教育委員会蔵
49	車中の食事	『ビゴー素描コレクション』岩波書店刊
50	無記名土瓶	滋賀県教育委員会蔵
51	記名土瓶（お茶・容器を車窓外に捨てることは危険です）	滋賀県立琵琶湖博物館
52	土瓶と茶瓶	『汽車土瓶』より転載
53	マルヨシさんの広告	
54	信楽製陶合資会社の広告	

資料No.	資料名	所蔵者など
55	信楽汽車土瓶復活	『大朝新聞』より転載
56	記名土瓶（お茶は静岡・山は富士）	甲賀市教育委員会蔵
57	記名土瓶（お茶は静岡・山は富士）	甲賀市教育委員会蔵
58	記名土瓶（濱松自笑亭・お茶）	甲賀市教育委員会蔵
59	記名土瓶（旅の友・お茶）	甲賀市教育委員会蔵
60	無記名土瓶	甲賀市教育委員会蔵
61	米原駅出土汽車茶瓶	米原市教育委員会蔵
62	記名土瓶（沼津・ぬまづ）	甲賀市教育委員会蔵
63	記名土瓶（浜松・お茶）	甲賀市教育委員会蔵
64	汽車土瓶の蓋と湯呑み	甲賀市教育委員会蔵
65	汽車土瓶の蓋と湯呑み	甲賀市教育委員会蔵
66	うなぎどんぶり一式	甲賀市教育委員会蔵
67	牡蠣飯しどんぶり蓋	甲賀市教育委員会蔵
68	どんぶり	甲賀市教育委員会蔵
69	折束型茶瓶	村瀬汽車土瓶工場蔵
70	折束型茶瓶	甲賀市教育委員会蔵
71	村瀬汽車土瓶工場の看板	村瀬汽車土瓶工場
72	村瀬汽車土瓶工場の外観	村瀬汽車土瓶工場
73	村瀬汽車土瓶工場の石膏型機械ロクロ	村瀬汽車土瓶工場

資料No.	資料名	所蔵者など
74	石膏型機械ロクロでの作業のようす	村瀬汽車土瓶工場
75	できあがった製品は棚で乾燥させる	村瀬汽車土瓶工場
76	石膏型をつかった手作業	村瀬汽車土瓶工場
77	汽車土瓶石膏型	村瀬汽車土瓶工場蔵
78	記名土瓶（汽車土瓶）	村瀬汽車土瓶工場蔵
79	記名土瓶（まいばら）	信楽学園蔵
80	折衷型茶瓶（お茶）	信楽学園蔵
81	折衷型茶瓶（シアトル）	信楽学園蔵
82	記名土瓶（米原）	井筒屋蔵
83	折衷型茶瓶（米原井筒屋・茶瓶）	井筒屋蔵
84	記名土瓶（米原・井筒屋）	井筒屋蔵
85	ポリエチレン容器	井筒屋蔵
86	うなぎどんぶり蓋	井筒屋蔵
87	井筒屋包装紙	井筒屋蔵
88	そば猪口	井筒屋蔵
89	ぐいのみ	個人蔵
90	折衷型茶瓶（満鉄）	滋賀県立窯業試験場蔵
91	折衷型茶瓶	滋賀県立窯業試験場蔵
92	折衷型茶瓶	滋賀県立窯業試験場蔵

資料No.	資料名	所蔵者など
93	折衷型茶瓶	滋賀県立窯業試験場蔵
94	汽車土瓶図面（日野根作三作）	滋賀県立窯業試験場蔵
95	泥漿鋳込の方法	
96	村瀬汽車土瓶工場の地蔵さん	村瀬汽車土瓶工場
97	ガラス茶瓶	個人蔵
98	日満親善の記事	滋賀県立窯業試験場蔵
99	どうぞよい旅を…皆さんごきげんよう、さようなら	『ビゴー素描コレクション』岩波書店刊
表紙	たぬき	滋賀県立琵琶湖博物館

執筆者

執筆　神保忠宏（滋賀県立安土城考古博物館）　コラム2、7
辻川哲朗（財団法人滋賀県文化財保護協会）　巻末用語解説
長林　大（国際航業）　第四章
細川修平（滋賀県教育委員会）　第三章第二節
桝村麻貴　第一章

執筆編集　畑中英二（財団法人滋賀県文化財保護協会）　右以外の部分

撮影　畑中英二　No.61
白井弘幸　No.1、8、49、52～55、87、94、97～99以外

信楽《しがらき》汽車土瓶《どびん》　　別冊淡海《おうみ》文庫 16

2007年10月20日　初版1刷発行

企　画／淡海《おうみ》文化を育てる会
編著者／畑　中　英　二
発行者／岩　根　順　子
発行所／サンライズ出版
滋賀県彦根市鳥居本町 655-1
☎ 0749-22-0627　〒 522-0004
印刷・製本　P-NET 信州

ISBN978-4-88325-155-1

淡海《おうみ》文庫について

「近江」とは大和の都に近い大きな淡水の海という意味の「近（ちかつ）淡海」から転化したもので、その名称は「古事記」にみられます。今、私たちの住むこの土地の文化を語るとき、「近江」でなく、「淡海」の文化を考えようとする機運があります。

これは、まさに滋賀の熱きメッセージを自分の言葉で語りかけようとするものであると思います。

豊かな自然の中での生活、先人たちが築いてきた質の高い伝統や文化を、今の時代に生きるわたしたちの言葉で語り、新しい価値を生み出し、次の世代へ引き継いでいくことを目指し、感動を形に、そして、さらに新たな感動を創りだしていくことを目的として「淡海文庫」の刊行を企画しました。

自然の恵みに感謝し、築き上げられてきた歴史や伝統文化をみつめつつ、今日の湖国を考え、新しい明日の文化を創るための展開が生まれることを願って一冊一冊を丹念に編んでいきたいと思います。

一九九四年四月一日

淡海文庫好評既刊より

淡海文庫 35

近江の民具

長谷川嘉和 著　定価 1260 円（税込）

ヤタカチボウ、シブオケ、ジョレン、ナッタ…古い仕事道具や生活用具の処分が続いていた昭和50年代初め、滋賀県の民俗調査に携わった著者が、100点の懐かしき品々を紹介。

淡海文庫 36

芋と近江のくらし

滋賀の食事文化研究会 編　定価 1260 円（税込）

東アジアの農耕と食文化において、米よりも古い歴史をもつサトイモやヤマイモ。人々のくらしや伝統行事において重要な位置を占めてきた近江の「芋」の歴史と料理を紹介。

淡海文庫 37

遺跡が語る近江の古代史

—暮らしと祭祀《さいし》—

田中勝弘 編　定価 1260 円（税込）

産経新聞滋賀版好評連載の単行本化。衣・食・住、金属製品や土器・玉・塩の生産技術、人々の精神生活を示す祭祀などの遺跡・遺物を通して、古代近江を案内。

別冊淡海文庫 13

近江の玩具

近江郷土玩具研究会 編　定価 1890 円（税込）

郷土玩具空白地と言われてきた滋賀県だが、小幡人形をはじめ、近世から今日までの豊かな玩具文化の拡がりがあった。将来展望を考え、保存育成への道を探る。